勉強も仕事も
「楽しがる力」
がこれからの究極のスキル！

「好き」を一生の「強み」に変える育て方

落合ひろみ　落合陽一

サンマーク出版

はじめに
学歴か適性か？

落合ひろみ

親は子どもに対して期待します。
世の中で活躍してほしい。
自分がやりたいことを実現してほしい。
一生困らない職についていってほしい。
得意な分野を伸ばしていってほしい。

それを実現するために、できる限り可能性を広げてあげたいと思うのが親心です。
私はフルタイムで働きながら息子の陽一を育てたということもあるのでしょうか、多くの方から子育てに関する相談をいただきます。お母さんからのご相談内容は本当に多岐にわたっています。子育てに悩みを抱えていない親御さんなどむしろ少ないのではないでしょうか。
特に最近は受験の低年齢化が進んでいて、中学校受験だけでなく小学校受験も熾烈《しれつ》になっていると聞きます。受験などさせないで、のびのびと子どもの適性を伸ばしてあげたいという思いがある一方で、将来のためには早く塾などに行って受験対策をしなければならないのではないか、と思い悩む方も多いと思います。

勉強を頑張るか、それともお子さんならではの才能を伸ばすのか――。

「受験」「学歴」だけが幸せを手にする方法ではないと思いつつも、結局は「受験」に組み込まれていってしまう現状があるように感じます。

我が家に関していえば、私は陽一に東京大学に入ってほしいと願っていました。
でも現実は、幼稚園は本人が受験会場から逃げ出し、中学は受験準備が整っておらず、本格的に受験したのは高校からでした。第一希望の開成高校に合格するために本気で勉強をして入学、大学は1浪して最終的には筑波大学に入学し、一番適性のある情報工学の分野を学ぶことができました。

今振り返れば、小中高と通った学校が陽一にとっては、最適な居場所だったように思います。

大学卒業後は本人の努力もあって、東京大学大学院修士課程、東京大学大学院博士課程、そして飛び級により2年で、Ph.D.（博士号）が取れたほどの教育を受けることができました。母の希望を大学院で果たしてくれました。

今は筑波大学の准教授およびデジタルネイチャー研究室主宰であり研究者、メディアアーティストとして実績を上げ、さらにはピクシーダストテクノロジーズという会社を設立しました。子どもの頃は、親がびっくりするような数々のいたずらもやってくれましたが、それらのすべてが現在の活動に活きているような気がします。

今思えば「東大」でなくても、本人のやる気と努力があれば、世界で活躍できるし、自己実現をしていくこともできると、ようやくわかってきたのです。

子育てについては様々なトライ&エラーをしてきた私ですので、子育てや教育に対して絶対にこれをすべきなどとはとてもいえる立場ではありません。

でもたくさんの方から「どうやってお子さんを育てたの？」とよく聞かれること、

また、自分の体験から受験が過熱している世の中に疑問もあり、失敗も含めて自分の体験談を書いておくことが、子育ての真っ最中で悩みを抱えている親御さんにとって少しは気が楽になったり、考え方のヒントになることもあるのではと思いました。

陽一を育ててきた経験から得たことを通して、これからの時代に向け、どんな親御さんでもお子さんの可能性を伸ばしていけるよう書きました。

振り返れば、陽一の教育のために様々なことをしてきました。インターナショナルスクール入学前のプリスクールに行かせたり、公文や実験教室など、自分がよいと思ったことや、子ども自身がやってみたいと言ったことを試してみました。そんな私の経験や、息子の陽一の考え方なども交えながら、本書はまとめていきました。

何よりも、お母さん・お父さんが悩んで暗い顔をしているのが、子どもにとっては一番よくありません。

「絶対、大丈夫」と自信を持って、お子さんに向き合っていただけることを願っております。

落合　ひろみ

はじめに
「楽しがり方」を育てよう

落合陽一

近年、人工知能（ＡＩ）の普及は急速に進んでおり、いわゆる汎用人工知能（ＡＧＩ）や、さらに高度な人工超知能（ＡＳＩ）の実現可能性まで議論されています。それにもかかわらず、「楽しがり方」を自らの内面から生み出し、そこから動機づけられて新たな創作や探究を実践する人は、現状では必ずしも多くないように思います。

ＡＩ時代に大事なことは根源的な好奇心

すでにインターネットや生成ＡＩを使えば、プログラムコードを書かなくてもアプリケーションを組み上げられ、画像や映像もワンプロンプトで生成できる。誰でも気軽に「つくる側」に回れるはずなのに、そのモチベーション自体が欠落しているように感じるのです。それは一体なぜなのか。おそらく「何かをつくってみよう」と思う以前に、純粋に「楽しみたい」「喜びを共有したい」という根源的な好奇心が育たないままになっているからではないでしょうか。

「つくる」という行為を担う人材は、大きく分けて以下の2種類がいると私は考えています。

- **他者からの命令や要請によって、やむを得ず生産する人**
- **自らをモチベートし、主体的に生産へと踏み出す人**

しかし「主体的に生産する」といっても、それはただ「やりたいからやる」という単純な衝動だけでは成り立ちません。重要なのは「面白さ」を自分なりに捉えて深め、さらにそれを社会や他者、さらにはＡＩや生態系などの広義のエコシステムと共有していこうとする姿勢です。

デジタルネイチャーの時代には、モノづくりだけでなく、制度設計やコミュニティ運営、さらには新しい表現のあり方や世界観の提案までが「生産」に含まれます。

たとえば、法律や社会制度の構築は「頭の中でのモノづくり」ともいえるし、アートやデザインは身体的・感覚的なモノづくりといえるでしょう。コンピュータ・グラフィックスやVR（仮想現実）などの生成技術を駆使すれば、デジタル空間でまったく新しい「場」を作り上げることもできます。それらを生み出すのは、いずれも「楽しがり方」を知っている人たちが、主体的に何かを生み出すときに発揮される力だといえます。

ゲームばかりしているように見える子が本当にやっていること

多くの大人は「YouTubeやゲームばかりしていないで勉強しなさい」と言います。しかし、なぜ子どもはゲームに没頭するのでしょうか。そこには多様な要因があるはずです。ゲームの中では「世界を救う」「クエストを達成する」といったダイナミックな体験が設計されており、成果に応じた報酬やレベルアップが見える化されています。ときにはオンラインで他者と協働することで、現実社会よりも明確に「自分が必要とされている」実感を得られる場合もあります。

こうした構造は、計算機自然的な視点から見れば、「人類外の知性と協働する一例」ともいえるでしょう。ゲームが計算機環境（デジタル）で動作している以上、プレイヤーは常にアルゴリズムが生み出した世界と対峙しています。そこに興味や達成感を見いだすということは、ある意味で計算機と人間の創発的なやりとりが、すでに実現しているともいえるでしょう。

「何を面白いと思うのか」を問い直す

この事象を、私が提唱している「デジタルネイチャー（計算機自然）」という視点から見ると、人類が持つ知性だけでなく、テクノロジーを介したエコシステム全体の知性や主体性も含めた上で「何を面白いと思うのか」を多層的に問い直す必要が出てきているということです。ＡＩであれエコシステムであれ、人間以外の主体が持つ感性や創造性をどう位置づけ、人類と協働させるか――ここに教育や子育ての本質的な課題があるのではないでしょうか。

私が「デジタルネイチャー」というコンセプトを提起するとき、それは「人間中心主義」からの脱却を大きな柱に据えています。私たちの周囲には、生態系レベルで思考・学習している存在が潜んでいるかもしれないし、AIやロボティクスを含めたテクノロジーもまた、新しい形態の知性を育もうとしているかもしれません。

こうした多様な主体（ヒト以外を含む）と連動する時代に必要なのは、「どうやって楽しさをシェアできるか」を問い直す視点だと考えています。今後、人間同士はもちろん、人間とAIや自然環境との間に潜む創発的な喜びを掘り起こし、それを拡張させる方法論が求められるでしょう。従来の学校教育や習い事が重視してきた「知識の習得」だけではなく、あらゆる主体が持つ喜びや関心、そして創造力を集約・合成できるような学びのデザインが必要になると考えられます。

もちろんゲームだけが答えではありません。しかし、何かにのめり込める背景には

「楽しがり方」を会得している（もしくは本能的につかんでいる）要素があります。そのエッセンスを、より広い社会的文脈や学術的文脈に展開することが、私のような教育者の責務だと思っています。

本書は、私の母が執筆した内容に対して、私自身が大学や研究現場での経験を踏まえ、私の計算機自然の観点からコメントを付したものです。ここで繰り返し強調したいのは、「楽しがり方」を育てることが、ＡＩ時代やＡＧＩ／ＡＳＩ時代を生き抜く上で最も重要な出発点であるということです。

落合　陽一

「好き」を一生の「強み」に変える育て方●目次

第2章 子どもの可能性を広げる「やめなさい」か「一緒にやろう」か？

第3章 自主性と考える力を育てる

「うまくいかないね」か「できるよ！」か？

第4章 英語・グローバル教育とどう付き合うか？ 留学か国内か？

第5章 忙しい親のための心得
どんなに忙しくても目配りしたいこと

第6章 受験をどうする？ 偏差値か適性か？

装丁　小口翔平／畑中茜（tobufune）
本文デザイン　荒井雅美（トモエキコウ）
本文イラスト　石川ともこ
DTP　米山雄基
校正　鷗来堂／仲祐美
編集協力　長谷川リョー（モメンタム・ホース）
帯写真　稲垣純也
カバー写真　Przemek Klos-stock.adobe.com
企画プロデュース　岩城レイ子（オフィスR&M）
編集　多根由希絵（サンマーク出版）

序章

これからの「子育て」に必要なこと

落合ひろみ

将来のために何を学べばいいか

世の中はものすごい勢いで進み、教育環境も変化しています。

「グローバル化、デジタル化への対応として何をするのが正解なのか」

「教育格差という言葉があるが、将来子どもが困らないために何をしてあげればいいのか?」

世界経済の動向や、ＡＩの進展、そして子どもを取り巻く環境など様々なことが日々変わり続けています。親としても、自分たちが育ったときとは異なる環境になっていますから、私たちの「正解」が、未来を生きる子どもにとっての正解になるかというと、すべて同じように通用するとは限らないように思われます。

そのような時代に、子どもが将来、困らないように生きていくためにはどうしたらよいのかと、悩まれる方は多いのではないでしょうか。

学歴について心配するのはもちろんのこと、時代の変革期には「これからはこんなスキルが必要です」という話も増え、親は子どもに様々なことをやらせないといけないのではと焦ります。コンピュータを使いこなすだけでなく、プログラミングができるようにならないといけない、英語は最低限話せないといけない……、しかし、学びを押しつけると子どもは嫌になるものです。

では、将来のことを考えるにあたって、世界ではどんなスキルが必要と考えられているのでしょうか？　ご参考までに、2030年に向け、仕事での重要性が高まると考えられるスキルについて、世界経済フォーラムで提示された内容を見てみましょう。[*1]

①AIとビッグデータ

②ネットワークとサイバーセキュリティ

*1 World Economic Forum "Future of Jobs Report 2025", 2025. https://reports.weforum.org/docs/WEF_Future_of_Jobs_Report_2025.pdf

③テクノロジカルリテラシー
④創造的思考
⑤レジリエンス、柔軟性、機動性
⑥好奇心と生涯学習
⑦リーダーシップと社会的影響力
⑧タレントマネジメント
⑨分析的思考
⑩環境管理

が挙がっています。

ただし、私はすべてを身につける必要はないと思います。

確かに、①でAIとビッグデータが挙げられているように、テクノロジーの進展は避けられないものでしょう。

ロボットが普及することで人が担っていた単純作業をロボットが行ない、AIが普及すれば様々な仕事を効率よく進めるマニュアルまでつくってくれるかもしれませ

図0-1　2030年に向けて必要性が増すスキル

1. AIとビッグデータ
(AI and big data)
2. ネットワークとサイバーセキュリティ
(Networks and cybersecurity)
3. テクノロジカルリテラシー
(Technological literacy)
4. 創造的思考
(Creative thinking)
5. レジリエンス、柔軟性、機動性
(Resilience, flexibility and agility)
6. 好奇心と生涯学習
(Curiosity and lifelong learning)
7. リーダーシップと社会的影響力
(Leadership and social influence)
8. タレントマネジメント
(Talent management)
9. 分析的思考
(Analytical thinking)
10. 環境管理
(Environmental stewardship)

出典：World Economic Forum“Future of Jobs Report 2025”, 2025
https://reports.weforum.org/docs/WEF_Future_of_Jobs_Report_2025.pdf

ん。しかし、そうした社会においても、自分の進みたい道がはっきりしていれば、不安になることはありません。

分析的思考は確かに大事ですが、緻密な分析が苦手なクリエイターもいます。それでも、必要な価値が提供できていれば問題はありません。

要は、その人にとって一番の長所を伸ばせばいいのだと思うのです。

多くの日本企業は、これまでなんでもこなせる、バランスの取れたゼネラルな人材を登用してきた長い歴史があります。

一方欧米はジョブディスクリプションに基づく採用が主流で、本人が一番得意としている分野で採用します。

日本もジョブディスクリプション採用をする会社が出てきて、特にIT系のエンジニアを必要とする企業では、今までの給与体系では考えられないような給料を支払ってでも優秀な人材を採用しようと躍起になっています。

つまり「好き」や「得意」を追求する人が社会で活躍しやすい時代がきているのです。

なんでもできるというのは、逆になんでも中途半端で何もできないのと同じと見なされることもあります。だからこそ、子ども時代の特性をしっかり見て、その子が活躍できる才能や場所を親が発見してあげることが大事なのではないかと思うのです。

大人でも学ぶ時代の「学歴」の考え方

では、学歴についてはどうでしょうか。

従来の「学歴」については、一般的に、高校を卒業して入った大学が最終学歴になるという考え方が多かったように思います。つまり、会社に入ったらそこで「学び」は終わり、大学に戻ることはあまりない、という意識です。だからこそ、高校卒業時に入学する大学にこだわる向きもあるのではないでしょうか。

今は大学院の社会人入学も一般的になっており、学ぶ意欲さえあればいつでも上を目指すことができます。いわゆる社会人大学よりは大変ですが、本当に研究をしたくて、その素養があるのであれば、息子のように、大学院から東大に入るケースもあります。

そういうことを考えていけば、中学、高校、大学受験での失敗をそれほど悩む必要もなくなるのではないでしょうか。

国際的に活躍したいなら、目指すべき「学歴」とは？

ただし、世界に目を向けるとまた違った様相が見えてきます。

今、日本では、大学院に行く理由として、①研究者を目指すため、という理由の他に、②大学4年時に就職活動がうまくいかなかったからあと2年卒業を延ばす、という方も散見されます。しかし、この認識もいずれ変わっていくでしょう。

グローバルな視点で見ると、アメリカはジョブディスクリプションによる職域採用ですので、マスターを取っていないと実績がないと判断され、大企業への就職が難しい状況となっています。

今後、世界で活躍する人材にしたいと考えるなら、大学院に行ってＭＢＡをはじめとするマスターを取得するといった考えを持たないと企業や社会で通用しない時代に変わっていくはずです。

そういうと、逆にお父さん・お母さんでも心配される方がいるかもしれませんが、日本でも社会人を受け入れる大学院が増えていますので、学ぶ意欲さえあればいつでも挑戦できる時代になってきています。今、高卒資格しかなかったり、最終学歴が当初目標としていた大学ではなかったとしても、あきらめる必要はありません。

一方、現在の日本における問題は、Ph.D.を取得した人の居場所がないことです。日本企業では研究職以外のPh.D.取得者は少ないだけでなく、年齢制限により就職試験さえ受けるのが難しいという現状があります。文部科学省が２０１６年に調査し

図0-2　Ph.D.（博士号）取得者の居場所はあるか？
（企業の研究者に占めるPh.D.取得者の割合）

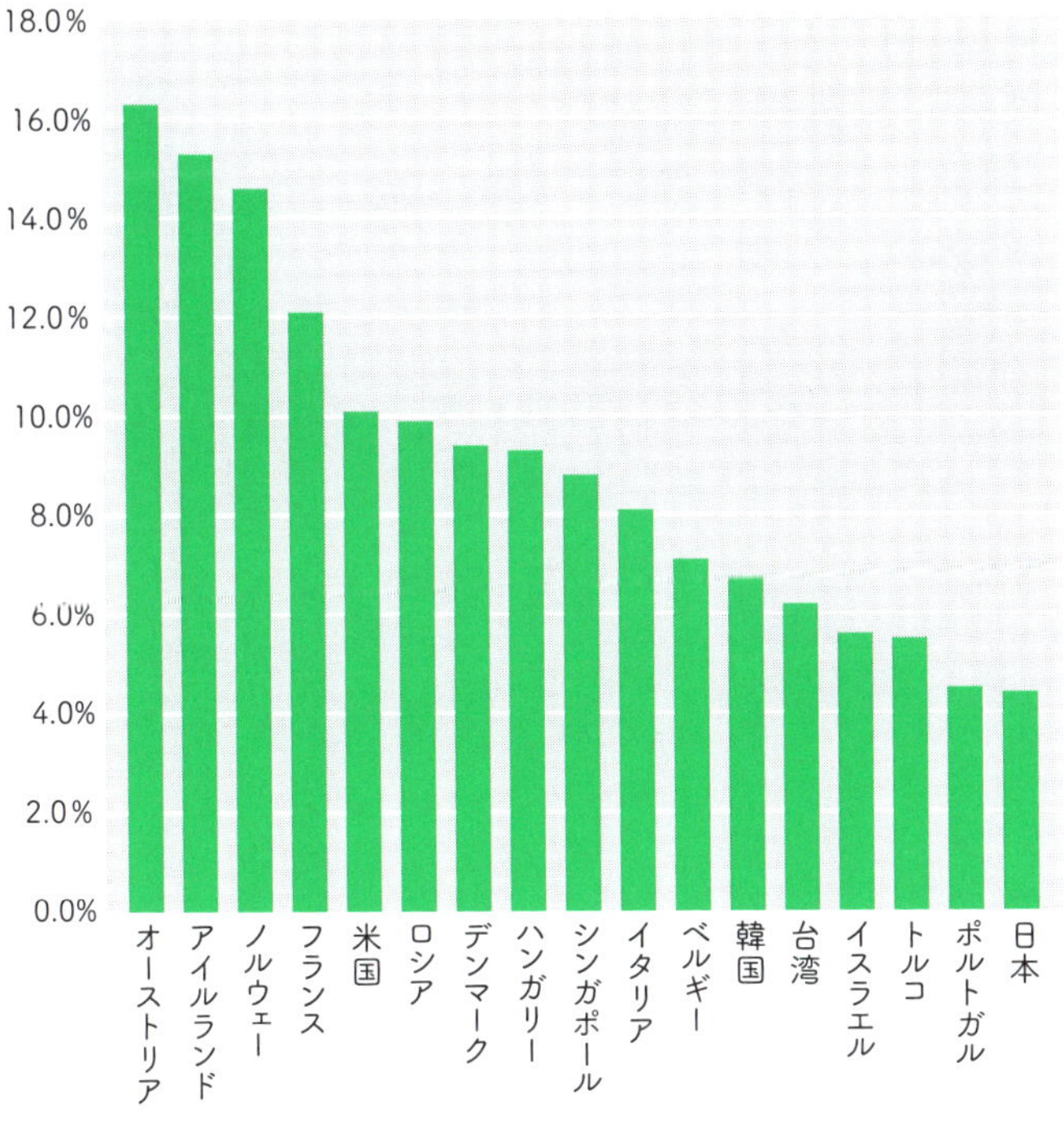

出典：文部科学省　科学技術・学術審議会 人材委員会（第92回）
「博士人材のキャリアパスに関する参考資料」（2021年10月21日）
https://www.mext.go.jp/content/20211020-mxt_kiban03-000018518_5.pdf
（日本）総務省、統計局平成29年科学技術研究調査、2017年
（米国）"NSF, SESTAT"
（その他の国）"OECD Science,Technology, and R&D Statistics"
以上のデータをもとに文部科学省作成

たところ、Ph.D.を取得した人の就職は正規採用が51・7％、非正規採用が15・7％で、学部卒業の就職率に比べると本当に低いことがわかります。[*2]

最先端の分野でPh.D.を取った人が、行き場がない状態です。かつて日本のGDPは世界2位でしたが、2024年10月にIMFの「世界経済見通し」で発表されたGDP（名目）の数値を見ると、中国、ドイツに抜かれ4位になり、5位のインドとの差もわずかになっています。

大企業が積極的に大学院修了者を採用しなければ、日本の地位も危ういと危惧するこの頃です。

ようやく、日本の企業でも、たとえばアサヒグループホールディングスの小路明善会長が「産業界として、博士過程の学生に明快なキャリアプランを示し、人材を活用していく機運を高めたい」と2023年9月4日の日経新聞の取材[*3]に答えていました。

＊2 文部科学省「平成28年度学校基本調査（確定値）の公表について」（2016年12月22日）https://warp.ndl.go.jp/info:ndljp/pid/11293659/www.mext.go.jp/component/b_menu/other/__icsFiles/afieldfile/2016/12/22/1375035_1.pdf
＊3 日経新聞「博士人材の活用『キャリアパス示せ』経団連・小路副会長」（2023年9月4日）https://www.nikkei.com/article/DGXZQOUA245L50U3A720C2000000/

図0-3 上場企業の管理職等の最終学歴（参考）

【アメリカ】

	人事部長	営業部長	経理部長
大学院修了	61.6%	45.6%	43.9%
うちPh.D.取得	14.1%	5.4%	0.0%
うちMBA取得	38.4%	38.0%	40.9%
4年制大学卒	35.4%	43.5%	56.1%
4年制大卒未満	3.0%	9.8%	0.0%

【日本】（従業員500人以上）

大学院卒	11.6%（11,400人） 【前回調査6.3%（5,600人）】
大卒	64.4%（63,600人） 【前回調査67.8%（60,700人）】
短大・高専、専門学校卒	8.9%（8,800人） 【前回調査6.8%（6,100人）】
高卒	14.0%（13,800人） 【前回調査17.4%（15,600人）】
中卒・小卒	1.1%（1,100人） 【前回調査1.7%（1,500人）】

出典：文部科学省 科学技術・学術審議会 人材委員会（第97回）
「博士人材のキャリアパスに関する参考資料」（2021年10月21日）
https://www.mext.go.jp/content/20211020-mxt_kiban03-000018518_5.pdf
（日本）総務省、就業構造基本調査、2017年度（前回調査は2012年度）
（米国）日本労働研究機構、大卒ホワイトカラーの雇用管理に関する国際調査、1997年
（主査：小池和男法政大学教授）

小路会長がおっしゃるように、各国がどんな人材を育てているのかを見れば、その国の将来がわかるように思います。博士課程の人材を活用してきた国では、価値ある製品・サービスを生み出しています。

アメリカでは、1980年代に、技術系の中小企業や起業を支援するSBIR＝Small Business Innovation Research（中小企業技術革新プログラム）を創設し、多くのPh.D.を持つ研究者がこれを利用しました。また、グーグルは、Ph.D.取得者を多く採用しているといわれます。[*4]

自分がどこにいようと、学びによって身についたものは、裏切りません。日本でそれが活かせないなら、それを活かせる場所に行けばいいのです。インターネットが世界中あまねく普及した現代では、場所を限定する必要がないのですから。

＊4 浅川基男『日本のものづくりはもう勝てないのか!?』幻冬舎メディアコンサルティング（2021年6月）

落合陽一

「これからの時代に必要なこと」に惑わされてはいけない

——スマホ問題の未来について

毎年のように「これから必要なスキルは何か？」「これからはどう生きればよいのか」という記事が出てきます。特に近年は、AIの進展で人間のやるべきことは何なのか、という話を様々なメディアで目にします。しかし私は、それは今のこのタイミングではあまり意味があるものには思えないのです。

時代の変化とともに注目される職業やスキルが移り変わっていくのは、産業革命や情報革命といったテクノロジーの導入が社会構造を大きく変えてきた歴史を振り返れば当然のことのように思えるかもしれません。

しかし、今まさに私たちが目の当たりにしている「AIの進化」や「AGI・AS

Iの可能性」がもたらす変容は、単に新しい道具が普及しただけで片づけられる話ではないように思います。

人類は1万5000年という長い時間をかけて農業に適応し、そこから工業を生み出し、さらに情報産業へとシフトしてきました。その過程でも、それぞれの時代ごとに有用な技術やスキルが生まれ、消えていきました。

今起ころうとしているのは、人間の知性そのものと計算機の持つ知性が本質的に交わることで、知能のあり方そのものが根底から揺さぶられるパラダイムシフトだという点で、これまでの「道具の導入」とは位相が異なるように思うのです。

「AI」は「知性」も変えていく

私はこの10年ほど「デジタルネイチャー」、つまり計算機環境と自然環境を連続的に捉える視点を提唱してきました。その根底には、人類がテクノロジーを使うだけではなく、テクノロジーと環境が混ざり合い、新たな自然観と知性観が生まれていくという確信があります。

これまでの歴史であれば、新しい道具を最初に使いこなした人や組織が大きな恩恵を受け、それが一種の優位性として機能してきました。たとえば電卓の登場は算数の計算プロセスを根こそぎ変えたし、洗濯機の導入は家事の効率を飛躍的に上げました。スマートフォンやゲーム機といったデジタルデバイスも、使い方を誤らなければ情報や創造力を拡大するための強力なツールになり得ます。

ところが、今目の前にあるAGIやASIがもたらす影響は、そうした「効率化」や「利便性」の話にとどまりません。むしろ「知性とは何か」という定義自体が再編される局面にあり、人間が農業や工業を興したその先で、自然環境と計算機環境が連続する広大な生態系に私たち自身が呑み込まれていくような感覚を覚えます。

かつて「Web2・0」や「SNS」といった潮流が登場した時期がありましたが、それらは情報伝達やコミュニケーションのあり方を変えはしても、「知性そのものの定義」をつくり直すほどの衝撃には至りませんでした。いわば、あくまで新しい表現形態や新しい市場を拡大するツールとして活用されるにとどまっていました。

しかし現在、ＡＩが人間の言語や知識を内面化し始め、そこに自然やロボティクスの知性までも融合する兆しが見え始めた今、私たちは「人間は本当にユニークな存在なのか」―「知性とは何か」という根源的な問いを避けては通れなくなっています。こうした段階にいるからこそ、ＡＩの進化を単なる技術の延長やビジネスのトレンドとして見るだけでは不十分で、１万５０００年にわたる人類史の流れの中に位置づけて、あらためて思索する必要があります。

だからこそ、「どのスキルがトップか」「子どもに何を学ばせるべきか」という議論は、あまりに目先の話に終始してしまうように思えてなりません。

新しいスキルや職業が社会から脚光を浴びるのは、その瞬間には確かに大きな話題かもしれません。しかし、本質的には「人類が農業から工業を経て情報産業へと移り変わってきた長大なスパンのさらに先で、知性のパラダイムがシフトしようとしている」という点にこそ、私たちは目を向けるべきではないか。今の10年や20年先を想定するだけでは足りず、１００年、あるいは1万５０００年単位の変化を俯瞰する歴史的視座を持ちながら、ＡＩやＡＧＩが示唆する新しい知性の在り方を探究する必要があります。

スマホ問題の留意点

こうした観点から眺めると、親が子どもに対して「ゲームばかりしていては将来が不安だ」とか「スマホに依存しすぎないようにしなさい」と注意するのは、ある意味では時代を問わず繰り返されてきた「新しいものへの抵抗」の典型だといえます。

どんな時代でも新しいデバイスやメディアが登場するたびに、それが子どもに悪影響を及ぼすのではないかと大人は恐れます。しかし、もしもこれからの社会が、人間の知性だけではなく計算機や自然が持つ知性と混ざり合って不可逆的に進化するのだとすれば、スマホやゲームといったレベルの話はむしろ些末な論点かもしれないと、私は思います。

もちろん「使い方がわからないまま放置する」よりは「主体的に使いこなす」ほうがよいけれど、それよりも何倍も大きな変容――すなわち、知的生態系全体の再配置が進行し始めている。それに比べれば、デバイスやツールの導入に関する細かな是非は、もはや表層的な問題にすぎないのではないでしょうか。

そのとき、スマホやゲームに没頭する子どもがいるなら、それを無理やり取り上げるよりも、なぜそこで熱中できるのかを観察し、さらにその熱中がデジタルと自然、あるいは計算機知性と人間の知性が混ざり合う世界のどんな入り口になりうるのかを考えてみるべきでしょう。

もしかしたら単なる娯楽に見えるものの裏側に、情報処理構造やデータ解析、リアルタイムのインタラクション設計といった多様な学びの糸口が隠れているかもしれないし、あるいはさらに発展して「新しい課題」を発見する契機になるかもしれない。もちろん、そのすべてが次世代の主流になるとは限りませんが、好奇心を抑圧して育つよりも、興味の種を多面的に扱える環境に身を置いたほうが、破壊的なイノベーションにつながる芽が生まれやすいと私は思っています。

「新しい課題」をどう発見するか

そうした状況を踏まえて、私が強調したいのは「新しい課題をどう発見するか」という姿勢です。

これまでの歴史でも、たとえば産業革命が起こったときは機械を導入すれば生産効率が上がると多くの人が確信し、それに乗り遅れないよう必死になりました。

しかし、その革命期に本質的な価値を創造したのは、機械による効率化の先にある新しい社会制度や、新しいインフラ、新しい働き方を構想した人々でした。

農業主体の社会が工業を導入したときも同じで、農地と工場の両方を持つハイブリッドな生き方や、新たな職能の設計が生まれることで社会全体が変容していきました。つまり単に「スキルのランキングがどう変動するのか」「どの職業が脚光を浴びるのか」を気にするのではなく、何百年単位で続く変化の流れに目を向け、そこから逆算して、今後何をすればよいのかという課題を自ら設定するような視点がなければ、やがて到来するAGIやASIの時代に適応できない可能性があります。

人口が減少し、社会の枠組みも流動化し、もはや「全員が同じレールを進む」ことが保障されなくなってきた日本では、次の時代を切り拓くような大発見や大規模なシステム転換が起きにくいのではないかと危惧しています。

今までも大学受験や就職活動といったピラミッド型の競争構造は時代によって変遷してきましたが、それらは依然として「人間の枠組み」の中での話でした。

ところが近い将来、この人間中心の前提がAIやロボティクス、あるいは自然知性との融合によって動的に組み替えられていけば、大学の序列も企業の序列も、あるいは国家という単位すら、根本的に変わる可能性があります。

そうした大きな流れの中で、私たちが関心を向けるべきなのは「道具の使い方」ではなく、「自ら課題を見つけて探求し、独自の喜びをもってそれを形にしていくスキル」です。まさにデジタルネイチャーの思想が狙うところはそこにあり、人間がただテクノロジーを使うだけでなく、テクノロジーが内包する知性や、自然が持つ潜在的な知性と共振しながら新たな世界を構築していくプロセスそのものをデザインすることにあります。

これからの「親」にできること

親や教師が子どもにできることは限りがあるという意見は、ある意味では正しいと思います。なぜなら、人間が受け継いできた文化や知識、倫理観、社会制度などは、ほんの数年や十数年で追いつけないほど膨大であり、そこに計算機と自然環境がもたらす知性のレイヤーがさらに折り重なると、一人ひとりが把握できる範囲を超えてしまうからです。

ましてや、子どもは親の思惑通りに育つわけでもなければ、学校教育だけで完結するわけでもありません。だからといって「何もしなくても勝手に育つだろう」と放任するのは違うだろうと思います。大人が担うべきは、「新しい課題を発見するきっかけを示すこと」と「それを楽しめる視座を与えること」であり、子どもが自分なりの興味を深掘りできるような環境づくりに尽きるのではないでしょうか。

そうした視点に立てば、スマホやゲームに限らずあらゆるテクノロジーとの接触の仕方は、むしろ「どうでもいい問題」というより「極めて当たり前の通過点」でしかありません。親がそれを制限しても、子どもが自力でそれを超えていくこともあれば、逆に親が与えた道具以上のものを子どもが自ら見つけて使いこなすことだってあるはずです。

要は、大人が取り繕った「昭和的」あるいは「20世紀型」の常識の範疇だけで子どもの可能性を狭めていないか、そして新しい課題を発見する力を育む場を用意できているかが、大きな分かれ目になると思います。

私は今後もデジタルネイチャーという概念を軸に、そうした知性の再配置のプロセスを考え続けていきたいと思っています。いずれにせよ、この先何十年か、あるいは何百年かのスパンで見たときに、今、私たちが議論している「スマホがどうだ」「ゲームがどうだ」という話など、地殻変動の初期的な揺れにすぎないと思うのです。人類の知性が農業や工業を通じて進化してきたその先で、今、計算機自然が深いレベルで世界と混ざり合いつつあります。そこにはこれまで想像すらしなかった新しい課題や発見の種が埋まっています。私たちは、どんなツールがトップスキルになるかといった目先のランキングにとらわれるよりも、より広範な時間軸と空間軸で知性を再構築する可能性を探究すべきときにきているのではないでしょうか。

第1章

「勉強しなさい」は言わない

学歴か好奇心か？

Q. 子どもが自分から勉強する言葉がけは？

A 私も仕事の企画書を作るから、一緒にやろう

B 早く、勉強しなさい！

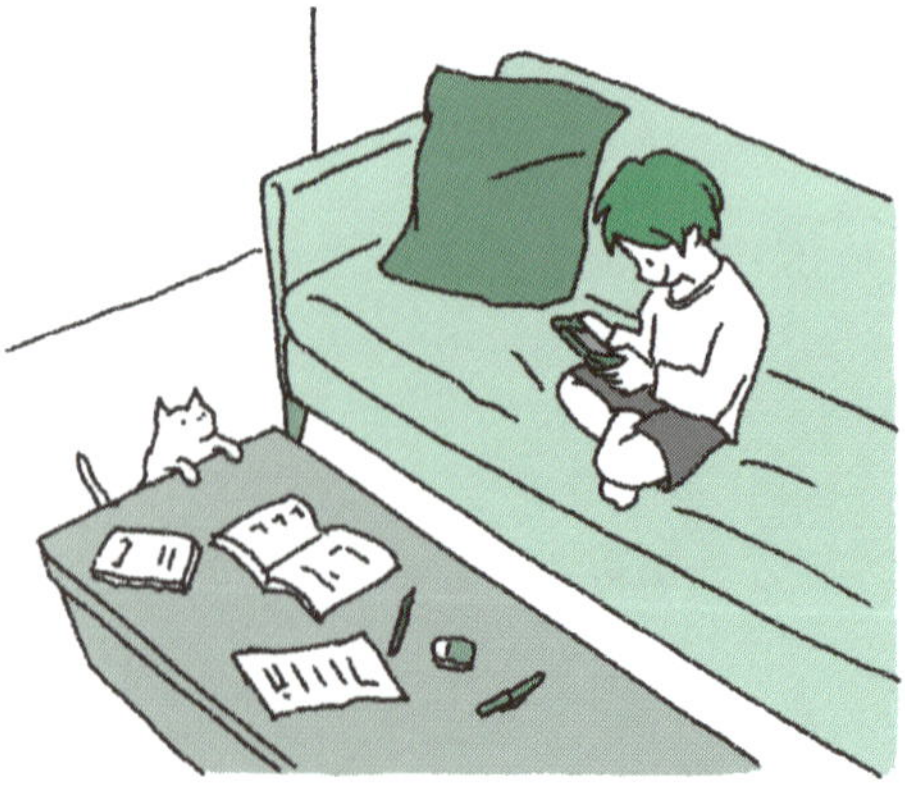

科学的子育てのヒント

「勉強しなさい」は効果あり？

「勉強しなさい」

「宿題やったの？」

どんな家でも聞こえてきそうなセリフですが、本音では、

「こんなこと言わなくても自分で勉強してくれたらいいのに……」

と思っている親御さんがほとんどではないでしょうか？

そして子どもも、

「言われなくてもわかってるよ！」

と内心考えているのではないかと思います。


では、「勉強しなさい」は科学的に効果的なのでしょうか？

両親もしくは同性の親と暮らしている小学生低学年のお子さんたちに対し、親の勉強への関わりと勉強時間についての調査[*1]があります。親の関与の仕方として、①勉強したか確認している、②勉強を見ている、③勉強する時間を決めて守らせている、④勉強するように言っている、の4通りで調べたところ、母親の関わり方で最も効果が高かったのは「勉強する時間を決めて守らせている」でした。一方「勉強するように言っている」は、あまり効果が高くなく、特に女の子に対しては、マイナスの効果（学習時間が減る）があったそうです。

一方、父親の関わり方で、最も効果が高かったのは「勉強を見ている」でした。特に男の子への影響が高いようです。

これを見ると、「勉強するように言っている」と言うのは、必ずしも、一番良い方法ではないように思われます。

ちなみに、この研究では、ゲームやテレビの時間をなくしたところで、勉強時間はさほど増えず、親の関与が大事であるということを伝えています。

＊1 乾友彦　中室牧子「子どもはテレビやゲームの時間を勉強時間とトレードするのか―小学校低学年の子どもの学習時間の決定要因―」独立行政法人経済産業研究所

我が家の場合

「勉強しなさい」は禁句

さて、我が家ではどうしていたかというと、**「勉強しなさい」とは言わないことにしていました。**

子どもは天邪鬼です。

親が「やりなさい」と言ったことはやらないし、やらなくてもいいと思っていたことはやろうとします。

そこで我が家では、「勉強しなさい」と言わないことを、決めていました。

むしろ、夜遅くに勉強しようとすると、「夜遅くに勉強しないで！」と言うことさえありました（子どもは「いつ勉強したらいいんだ！」と思っていたかもしれません）。

夫の落合信彦からも「子どもに『勉強しなさい』と言ったら必ずしなくなるぞ。それだけは気をつけてほしい」と言われていました。

勉強は強制しても頭に入ってはきません。本人がいかに興味を持って様々なものに取り組むかが重要で、単に覚えただけでは応用はできません。理解することで勉強の面白さを知り、もっと深く知りたいと思うようになるのです。

学校の勉強でも、好きな教科なら先生の話もよく聞くし、自分でも興味のあることを調べたりします。でも、あまり興味がない教科や、基本が身についておらず、わからなくなってしまった教科については、子どもはやりたがりません。


私の子ども時代を振り返っても、「勉強しなさい」と親に言われるのが一番嫌いでした。私は子どもの頃ピアノが好きでピアノばかり弾いていたのですが、両親が突然私立女子中学の受験をさせると決めてしまい、ピアノをやめさせられ、嫌々勉強をしていたのです。

自分を振り返っても効果がなかったのですから、子どもはみんなそんなものかもしれないと思い、「勉強しなさい」は言わないことにしていました。

「家で勉強ができない！」だったら、どこでやろうか？

この節の最初でもお話ししましたが、子どもの多くは天邪鬼です。

親が「やりなさい」と言ったことはやりませんし、「やめて」ということをやろうとしたりします。

陽一も大変な天邪鬼で、私はそれを逆手にとることもありました。

たとえば、友達と遊びにいって帰宅し、夕食を食べた後でテレビをのんびり見てから夜遅くに勉強を始めようとしたとき、私は「勉強してないで、早く寝なさい！」と言いました。すると、息子は親に隠れて勉強しようとします。そこで私が電気を消して寝かせようとすると、「まだ宿題を終わらせていないから」と文句を言います。

「宿題をやっていないのは自分のせいでしょ。今は勉強する時間じゃないんだから、できないのは自分のせい」

と私が言うと、陽一は宿題を学校にいる間の放課後に済ませるようになりました。

「受験のための勉強は塾でやるので、学校の宿題は学校にいる間に終わらせる」と本人が決めたようです。受験の科目数も多く、全部こなさなくてはいけないのは大変だったと思いますが、家でできない分、結果として、学校で集中して勉強することができたようです。家にいるとどうしてもダラダラしてしまうなら、外で勉強してくる習慣をつけるのもよいように思います。

限られた時間だからこそ工夫ができる

宿題が増えたり、受験の間近になると、どうしても遅くまで勉強をしないと追いつかないと思われるかもしれません。でも、それは時間の使い方次第でなんとかなるものだと思います。

我が家では小学校も中学校も区立の学校に通ったのですが、一応小学校のときは中学受験のために、中学校のときは高校受験のために、塾に通っていました。

小学生の頃は、塾から帰るとかなり疲れているようなので、さらに家で勉強をするようにとは言いませんでした。

ところが中学になると、塾の勉強量が相当増えていきました。本人は夜中まで勉強をしようとする意欲を見せていましたが、私はどんなに遅くても、23時から24時の間には就寝させたいと思い、ベッドに行かせるようにしたのです。**時間が限られていることが意識できると、使える時間で集中して勉強するようになります。**最終的には、高校受験に向けて時間の使い方がうまくなってきました。

「なぜ、勉強をしたがらないか」子どもの視点で考える

さて、子どもが勉強したがらないとき、なぜ勉強したがらないのかと、考えたことはあるでしょうか?

勉強よりも楽しいことがあって、勉強する気になれない。

友達とケンカしていたり教師との関係が気まずく、勉強が手につかない。

何のために勉強するのか、わからない。

勉強でつまずいたことがあり、それ以上進めない。

きっといろいろな理由があるのだと思います。

子どもが勉強したがらない理由は、じっと観察していればわかるように思います。

ゲームやスマホに夢中で勉強する気になれないなら、スマホやタブレットを勉強道具にして、遊び感覚で勉強できる環境を整えることで、親が言わなくても勉強するようになるかもしれません。今はタブレットの教材もたくさんあります。

どこかの時点で勉強につまずいた場合は、親が子どもと一緒に宿題をやってみるというのも効果があります。一緒に宿題をやってみて、「どこがわからないのか」に親が気づいてあげることで、苦手意識を払拭するきっかけがつかめることもあります。

多くの子どもは、勉強がわからなくなったとき、どこでわからなくなったのか、自分では気づかないものです。「なぜ間違うのかわからない」「わからないから、何度も同じところで間違う」「何度やっても間違うので、もうやりたくない」というふうになると、その教科自体が嫌いになってしまいます。

つまずいている部分がわかれば、そこを教えてあげることで、つまずきを解消することができます。正解すれば楽しくなるので、また勉強にも前向きになるのではないでしょうか。

親は、テストや宿題を見ると、「合っているか、合っていないか」だけを見がちです。

しかし、そうではなく「どんなことに引っかかって、何を間違えているのか」を丁寧に見てあげてください。そこから次につながっていくのだと思います。

ちなみに、うちの子の場合は、「いつ勉強していいのか」がわからなかったようです。

勉強しなければいけないことはわかっているけれど、友達から誘われたら遊びに行くし、食事のときは家族と団らんして時間を過ごす、そうこうしているうちに夜になってしまうので、寝なくてはならない。それで困っていたそうです。

それがわかれば、家でいつの時間を勉強時間にすればいいのか子どもと話をして、決めたら家族もそれに協力しましょう。1日は24時間しかありません。**その中でどう勉強時間をつくるかは、親の役目だと思います。**子どもが勉強したいと思っていても、親がテレビを見ていたりして落ち着かない、ということもあるかもしれません。勉強時間は家族でつくるものでもあると思います。

ただし、特に小学生の場合、勉強時間として長い時間をとる必要はないのではないでしょうか。自分で集中して取り組んでいるときは別ですが、2時間以上連続して勉強するのはムリではないかと思いますし、無理強いして苦痛になっても困ります。
勉強はできてもせいぜい2時間だと思います。

子どもを勉強好きにするには？

「勉強しなさい」と言われて、すぐに勉強する子は、どれだけいるでしょうか？
すぐ始められない場合、どんなサポートができるでしょうか。

親と一緒に何かをするのが好きな子もいます。なかなか勉強しないときは、「**私も仕事の企画書をつくるから一緒にやろう**」と声をかけて、子どもは勉強、私は仕事ということで机に向かったこともあります。

子どもの学習に関しては、お父さんがかかわることによって、ポジティブな効果があるという調査もあります。44ページで見たように、子どものそばで学習を見守るお父さんのほうが、子どもの学習時間が長いという調査[*2]もあります。

ただし、子どもの勉強を見るとなると「こんなものもできないのか！」と怒り出す父親も多いそうです。どうしても自分の子どもを厳しく見てしまうのだと思いますが、ネガティブな声がけばかりされていると、子どもは自信を失ってしまいます。

特に受験期などは、親が不安になると子どもも不安になります。[*3]

大手進学塾の先生が「学習について言うべきことを言うのは塾がやるので、家ではほめてあげてください」ということをおっしゃっていました。家では、子どもが安心して取り組める状況をつくるのが大事なのだと思います。

「これなあに？」に答えることで勉強への興味が生まれる

陽一は幼小の頃から好奇心が旺盛で、何にでも興味があり「これなあに？」という質問の連続でした。私にとっては恐怖の「これなあに？」という言葉でした。

なぜならば、それぞれの質問に答えるのがとても大変だったからです。親が正確なことを答えなければ、子どものためにならないと思い、私も必死で勉強をするしかありません。私が答えられない質問には、辞書や図鑑を一緒に見ながら陽一の疑問を解決していました。それでも陽一はなかなか納得せず、苦労しました。ようやく質問に答えると、「もっと教えて」「どうしてそうなるの?」と、一層疑問をぶつけてきます。

「勉強」というと、どうしても学校で習う教科のことと思いがちです。でも、**「どうして?」という子どもの疑問や質問こそが、学ぶことの入り口ではないかと思います。**「なぜ?」と思うから、それを聞いたり、調べたりする。その繰り返しが学ぶ意欲につながっていくように思います。

後でお話ししますが、我が家はピラニアをはじめとする熱帯魚を飼うことになった時期があります。飼っている魚を図鑑で調べては実際と見比べてみたり、図鑑で新しい魚を見つけたら熱帯魚売り場で見てみたりと、楽しく学んでいました。好きなこと

＊2 乾友彦　中室牧子「子どもはテレビやゲームの時間を勉強時間とトレードするのか―小学校低学年の子どもの学習時間の決定要因―」独立行政法人経済産業研究所

＊3 森上展安「主体的に勉強しない子ども　保護者の声掛けも原因?!【中学受験】」ベネッセ教育情報（2022年9月17日）https://benesse.jp/juken/202209/20220917-1.html

を探してあげれば、子どもは関連づけて、自分で調べるようになります。勉強の楽しさはこうしたところから生まれるのではないかと思います。

特に「なぜなぜ期」といわれる3〜6歳の頃に、「知ることは楽しい」と実感できると、自分から意欲的に学ぶようになるといわれています。また、自分の疑問を親が受け止めてくれたという経験は、自己肯定感を高めるきっかけにもなるようです。[*4]

子どもは何にでも興味があります。

興味から生まれた子どもの質問に親がしっかり付き合ってあげることが、子どもが勉強好きになるポイントのような気がします。

といっても、忙しいときに「どうして?」「これ何?」と質問攻めにあうと、イラッとすることもあります。本当に忙しいときは、親以外の誰かに聞いてもらってもよいと思います。私のときは、同居している私の母や妹が手伝ってくれました。

ちなみに、小学校に入学したときに、ようやくこれで、陽一からの質問が減ると思いました。しかしそれは大間違いで、より質問のレベルが上がり、また、数も増えていきました。

でも、親は子どもの成長とともに勉強をさせられるもの。そして親も一緒に勉強をするべきと理解して質問に徹底的に付き合いました。親が一緒であれば子どもはより一層勉強します。一緒に学んでいくことが大事なのだと思います。

嫌いな教科をどう考えるか

学びにはいろいろな種類がありますので、最終的には、その人の性格に合った学問を学んでいくことになるのだと思います。

しかし、小学校時代は学習の基礎を学ぶ時期なので、嫌いな教科をつくらないようにすることが必要です。

子どもが家で宿題をしているときに、嫌がっている教科がないかを観察しましょう。

＊4 帆足暁子監修 齋田多恵、ひよこクラブ編集部取材・文 「【専門家監修】『なんで?·どうして?』3才ごろからの第二質問期『なぜなぜ期』とのつき合い方」 たまひよ（2021年1月31日） https://st.benesse.ne.jp/ikuji/content/?id=84651

もちろん、「嫌いな教科はある？」と聞いてもよいですし、テストの点がいつも悪い教科があれば、それが「嫌いな教科」かもしれません。

もし嫌いな教科が見つかったら、子どもと一緒に何が原因で嫌なのかを考えてみましょう。

基礎がわからないからなのか、教師が嫌いなのか。

基礎的なことや、何かにつまずいているなら、前述のように何につまずいているのか一緒に見ていきましょう。

教師が嫌いなら、塾で学ぶといった方法もあるかもしれません。

一緒にその原因を解決することで嫌いな教科を減らしていけるかもしれません。

陽一は好奇心旺盛で、興味の範囲が広いので、嫌いな教科はほとんどなかったのですが、苦手なものはありました。体育です。陽一は低出生体重児で生まれてきたため、発育が遅れ、同年齢の子どもと比べて歩き出すのもゆっくりでした。また、小学校でも朝礼の時間にクラスで並ぶときは、いつも一番前でした。そのためか幼稚園の頃から体育が苦手だったように思います。徒競走は得意ではありませんでしたし、水泳教室にも行かせましたが、あまり好きではありませんでした。

でも、陽一は本当に頑張る子なのです。幼稚園で一人だけ鉄棒で逆上がりができなかったのですが、自分にも友達にも負けたくないと思ったのでしょう、毎日毎日練習し、運動会で皆の前で披露するときには、なんと逆上がりができたのです。

さらに、夫の信彦からの強い勧めで、小学校2、3年生の頃から空手を習いに行きました。空手は身体が小さくても相手と対峙して十分勝てる競技です。それは本人の気質とピッタリと合ったようで上達が早かったようです。家族ででかけるスキーも気に入ったようで、すいすい滑って得意げでした。

体育といっても様々な種目があります。**いろいろなことを試し、自信が持てる運動が見つかったことで、体育が徐々に好きになり、楽しい時間を過ごせた**と思います。

嫌いな教科だからやらないのではなく、小さな成功体験を積ませることで、嫌いな教科を克服できるような気がします。

Q. 算数が好きになるには どうしたらいい？

A 電卓やそろばんを使ったゲームをする

B 算数の問題を何問も解かせる

科学的子育てのヒント

理数系を伸ばす方法は？

私も含めて文系の人間にとっては、算数や数学は苦手という方が多いようです。私立文系を目指すクラスでは、受験科目でない数学の授業が途中からなくなることもあり、なかには数Ⅰで終わる学校もあるようです。

でも、基本的な計算は仕事の上でも生活する上でも身につけないと支障をきたします。また、当然ながら、コンピュータやＡＩなどデジタル技術が支配する領域が広がっていますので、より数学の素養が求められます。

では、どうしたら算数が好きな子に育つでしょうか？

算数・数学が好きになる子の条件

横浜国立大学名誉教授の根上生也先生は、算数・数学が好きになる条件として、次の3つを挙げていました。[*5]

①保護者の数学観を押しつけない
②自分で判断することに自信を持たせる
③解答の速さを求めない

そのために、親は子どもの判断を尊重してあげること、子どもが親にお願いしたいときは理由を言わせることが大事だということです。

お菓子の数を数えたり、画用紙に○を書いたり、子どもにとっては、そのすべてが算数の基礎です。それをいかに伸ばすかは、親の接し方一つです。嫌がるものを押しつけたり、答えを急かしては、算数嫌いになってしまいます。

＊5 ベネッセ教育情報サイト「算数・数学好きの子どもを育てるには【前編】【後編】」（2014年3月）https://benesse.jp/kyouiku/201403/20140311-1.html【前編】 https://benesse.jp/kyouiku/201403/20140325-2.html【後編】

我が家の場合

子どもにとっては、「電卓」もおもちゃ

もしお子さんがまだ小さいのであれば、早いうちから数に親しむのがよいのではないかと思います。

陽一は1歳半を過ぎた頃には、1から10までの数字で計算する方法を覚えていました。これは経理の仕事をしていた私の母のおかげです。

私が仕事を続けていたこともあり、陽一の日中の面倒を母が見ていました。陽一をそばにおいて仕事をしていた母は、陽一に電卓をおもちゃ代わりに与えていたようです。

電卓の使い方を教え、足し算や引き算などの四則演算の問題を出すと、陽一は電卓を使って答えを出します。遊びながら数字や計算に親しむことで、自然と算数の基本を身につけたようです。小さい頃は楽しそうにずっと電卓で遊んでいました。

2歳からは私の高校時代の友人の紹介で、渋谷の公文の教室に土曜日に通わせていました。

息子には公文のやり方があっていたようです。

公文はその子の理解度に合わせた教材に取り組ませて、問題を解く楽しさを実感させ、ほめることでまた次も挑戦させるというモチベーションを保つ勉強法を実践しています。子どもは楽しみながら、次々と問題を解いていくことで国語と算数などの力がついていきます。

時間内に「何ページできた！」という達成感がありますし、また、それを成し遂げたことでほめられると有頂天になり、子どもは一層励むようになるのです。

陽一は幼児の頃から電卓で数字遊びをしていて算数は得意だったので、公文の先生から毎回ほめられます。ほめられることで一層数字や算数が好きになりました。結局小学校3年生まで公文に通いました。これも、陽一の学びの基礎を身につけるためにはよかったと思います。

ただし急ぐ必要はないでしょう。

お子さんによっては、親がそばにいないことで不安になり泣いてしまう子もいます。それでは、楽しむどころか逆効果になってしまうかもしれませんので、お子さんが楽しんで通えるようになってからで十分だと思います。

ちなみに、公文には、勉強をさせたいと思う親が集まっていました。皆さん、遊びにいくような感じで、勉強をする楽しさを身につけることが重要だという認識をお持ちでした。また、そんな家庭のお子さんばかりが周囲にいるので、私が強制せずとも、自然と勉強できる環境をつくれたことも、陽一にとってはよかったと思います。

幼児期に電卓で遊ぶ

小さいうちに楽しく数字にふれることができたことは、その後の学習はもちろん、今、息子が専門としているデジタルアートにもつながっているように思います。当時はまったくそうした意識はなかったのですが、陽一の将来の役に立ったのであれば、よかったのだと実感します。

Q.

本は、毎回違う本を読む？同じ本を読む？

A いろんな知識をつけたいから、様々な本を読む

B 気に入った本は何度も読んであげる

科学的子育てのヒント

効果のある読書法とは？

小さな子どもに本の読み聞かせをする親御さんは多いと思います。絵本や少年少女向けの物語などを読んでもらうことは、子どもにとってワクワクする時間です。

陽一が小さい頃も、寝る前に必ず読み聞かせをしました。

我が家では、読み聞かせの方法が少し変わっていました。普通なら1冊の本を最初から少しずつ読んで、最後まで読んだら次の本という読み方をすると思います。

でも、我が家では、本の同じところを何回も読む、という読み方をしていました。「もう1回読んで。もっと聞きたい」という陽一のリクエストで、本当に同じ本の同じページを何回も読み聞かせました。「今日は10ページ読むね」と言って読み始め、翌日も同じところを10ページ読みました。5回くらい読んだところで、陽一が「もう覚えたからいい」と言って、次に進むのです。

たまに「**今読んだところを、陽君がお話ししてくれる？**」と言うと、得意になって何も見ないでしゃべり始めます。文章をそのまま繰り返すのには驚きました。何度も聞くことで耳から入った文章が、しっかり頭に定着したのでしょう。今思えば、読み聞かせが記憶の訓練にもなっていたように思います。さらに同じ文章を繰り返すことで、そこに何が書かれているか、その意味を深く考えるようになったと思います。

記憶に関する法則で「エビングハウスの忘却曲線」というのがあります。記憶は1回覚えただけでは、すぐに忘れてしまいます。エビングハウス教授の行なった実験によると、一度覚えても1時間後には平均して56％忘れてしまいます。さらに1日経つと74％も忘れたというのです。つまり、覚えたら忘れる前に復習するということを繰り返すことで、記憶として定着するということです。

この実験は博士1人が行なったことと、前後の脈絡のない文字の配列を覚えるという設定だったので、記憶に定着しにくかったということが指摘されています。でも、繰り返し聞いて覚えることは、記憶を定着させるにあたり大切なことだと思います。

また、京都府立大学で、幼児期の本の読み聞かせの効果として「同じ本を繰り返し読む」か「毎回違う本を読む」かで、認知能力の発達にどんな違いが出るかについての博士論文がありました。[*6]

研究では**「同じ本を繰り返し読む」ことが語彙力を増やすことにつながる可能性がある**という結果が得られたのだそうです。

もちろん、ある程度の年になったら、幅広いジャンルの本をたくさん読むことも意味のあることです。でも幼児の頃は1冊でも2冊でも、本人が気に入った本を何回も読んだほうが、記憶に残り感性を刺激するような気がします。

もちろん、「お話の先を知りたいから、次を読んで」と子どもにせがまれたら、先を読んでください。その子にとっては、ストーリーの行方を知ることが、ワクワクすることなのですから。

＊6 雨越康子「幼児期における絵本の読み聞かせと認知能力との関連―ワーキングメモリと語彙力に関する検討―」京都府立大学（2021年6月）https://www.kpu.ac.jp/media/amagoshi.pdf

我が家の場合

どんな本を読ませたか

我が家では、読んであげる本は、近所の本屋さんで見つけました。

陽一が小さい頃は童話が好きでした。数は多くはありませんが、日本人であればほとんどの方が知っているような童話は大体読み聞かせをしました。

ここでは幼時から小学生時代の読書に関するエピソードをいくつかご紹介します。

・子どもの想像力を豊かにした『ガリバー旅行記』

世界のいろいろな国の話や、外国人のエピソードなどを織り込みながら『ガリバー旅行記』の読み聞かせをしたせいか、陽一の頭が混乱したのかもしれません。

「ガリバーがやってきたのは、日本だったんじゃないかな」

と突然言い出しました。

背が高い大きな体のオランダ人が昔に来ていたのだから、この物語は日本にやってきた体の大きな外国人の話だと得意そうに言います。子どもの想像力の豊かさが面白く、私は笑って聞いていました。

・映画をきっかけに読んだ『フォレスト・ガンプ』

小学2年生のときだったと思いますが、陽一から『フォレスト・ガンプ』という映画を観に連れていってほしいとせがまれました。私はどんな映画か知らなかったのですが、テレビで紹介されていたのを見たのかもしれません。映画を一緒に観て、その帰りに原作本を買って毎晩読み聞かせました。自分と同じくらいの年齢の少年時代から始まる作品だったので、気に入ったのでしょう。

・将来につながった!?『五体不満足』

小学校4年生か5年生の頃、乙武洋匡《ひろただ》さんの『五体不満足』(講談社)という本がベストセラーになり、買ってほしいと言われたので買いました。読み終わると、「これ読んだら」と私に本を貸してくれました。

Q. 子どもに特別な体験をさせないといけないか？

A 忙しいので、お手伝いくらいになりそうだけど……

B 自然でのキャンプなどを積極的にしたい

科学的子育てのヒント

可能性を見つけるための体験

以前は「教育格差」という言葉が盛んにいわれていましたが、近年は経済的負担による「体験格差」が問題になっているようです。

文部科学省では、教育活動の一環として行なわれる「体験活動」には、次のような効果があるとしています。[*7]

- 現実の世界や生活などへの興味・関心、意欲の向上
- 問題発見や問題解決能力の育成
- 思考や理解の基盤づくり

＊7 文部科学省「体験活動事例集―体験のススメ―」［平成17、18年度 豊かな体験活動推進事業より］（2008年1月）https://www.mext.go.jp/a_menu/shotou/seitoshidou/04121502/055/003.htm

・教科等の「知」の総合化と実践化
・自己との出会いと成就感や自尊感情の獲得
・社会性や共に生きる力の育成
・豊かな人間性や価値観の形成
・基礎的な体力や心身の健康の保持増進

これだけではわかりづらいので、国立青少年教育振興機構の調査を見てみると、自然体験、生活体験、お手伝いなどの体験が多いほうが、自己肯定感や、道徳観・正義感が高くなり、大人になってからの人間関係能力、職業意識、意欲なども高いという調査結果があります。[*8]

体験というと、お金がかかることを連想される親御さんもいらっしゃるかもしれませんが、遊園地に行ったり、遠くまで旅行に行ったりということだけが、子どもの力を伸ばす体験ではありません。自治体や大学が開催する子ども向けの無料のワーク

＊8 文部科学省「特集 子供たちの未来を育む豊かな体験活動の充実」平成28年度文部科学白書（２０１６年）https://www.mext.go.jp/b_menu/hakusho/html/hpab201701/1389013_007.pdf

図1-1　子どもの体験活動と意識の関係

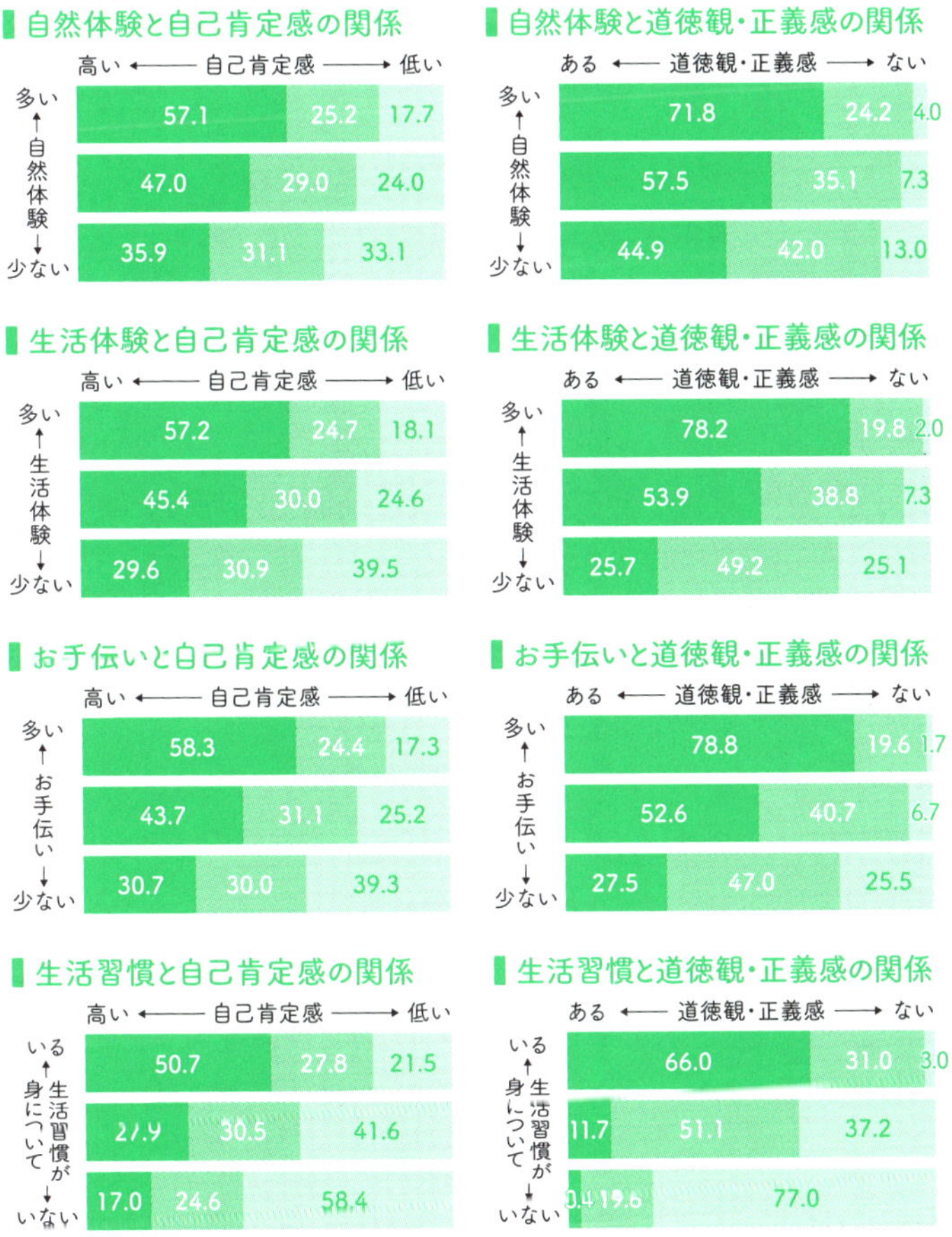

出典：国立青少年教育振興機構「青少年の体験活動等に関する実態調査（平成26年調査）」（平成28年5月）をもとに文部科学省が作成

※本調査の対象者は、小学4年生～小学6年生、中学2年生、高校2年生である

ショップなども増えています。ぜひそうした情報を見つけて、参加してみてはどうでしょうか。

もちろん、もっと身近な体験も子どもにとっては貴重なものです。たとえばナイフを使ってリンゴをむいてみる、お寺の石段を駆け上がってみる、雪の結晶を観察するなど日常生活のありとあらゆることが貴重な体験になります。**日常の中でも子どもに「体験させる」という意識を親が持てるかどうか**が、重要なのだと思います。

子どもに何かを体験させるときに大切なのは、そばで親がしっかりと見ていることだと思います。ナイフの使い方を教えたとして、親の前でリンゴの皮をむかせたら、手を切るリスクも減るでしょう。「ナイフは手を切るから使ってはダメ」というのではいつまでたってもナイフを使えるようになりません。

ただし、くれぐれも親が押しつけるのではなく、子どもがやってみたいと言ったことをやらせるようにしましょう。「やってみたい」と口に出さないお子さんもいると思いますので、子どもが興味深く見ていたり、「これ何？」と聞いてきたりしたときに、「やってみる？」とすかさず声をかけてはどうでしょうか？

我が家の場合

子どもを伸ばす習い事とは？

習い事も同じです。子どもの可能性を広げるためにという点では、ピアノや英語、体操、お絵描きなど親が考えてやらせている方も多いことでしょう。何歳から始めたらいいのか、何をやらせたらいいのか。本当に悩みます（私も悩みました）。

しかし、先の「体験」と同様、親が、自分が子ども時代にやってみたくてもやれなかったことを子どもに押しつけたり、あるいは有名幼稚園や小学校の受験対策として体操や絵画を習わせたり、小学校の授業のために本人が希望しないまま英語をやらせるということが、本当に子どもの適性や才能、興味を伸ばすことにつながるのかというと、そうではないのではないかと考えています。やはり、本人が自然と興味を持つものを選んであげられるとよいのではないでしょうか。

子どもの才能を見つけるトライ＆エラー

しかし、子どもが小さいうちはなかなか判断ができないこともあります。
私は子どもの可能性がどこにあるのかを見極めるためにトライ＆エラーを繰り返しました。その過程で本人がやれるもの、やりたいもの、嫌いなもの、合わないものを取捨選択して、再び次に向かって進んでいく方法をとっていました。
具体的な習い事を挙げると、こんな感じです。

【続いたもの】

実験教室

家の近所には小学1年生から3年生までの児童が通う実験教室という科学系の塾のようなものがありました。科学の初歩というか基礎的な知識や原理を実験しながら楽しく学べるので、熱心に通い様々な実験を体験しました。

実験教室では実験を始める前に、白衣を着せています。それだけで、自分が科学者になった気分になっていました。シャボン玉の中に入ったり、生まれて初めて自分でマッチに火をつけたり、いろいろな経験ができました。それが今に活きているのは、皆さまのご想像の通りだと思います。実験が大好きなのは子どもの頃から今でも変わりません。

音楽関係の習い事

私の父の部下の奥様とお姉様がピアノの教室を開いており、ピアノの家庭教師にいらしてくださいました。ちなみに、ご自身の3人の息子様たちは揃って麻布中学、高校に行きました。ピアノを習う期間は小学校3年生までと決めている方々でした。

空手

夫の信彦が突然陽一に「お前空手得意か？」と尋ねました。陽一が「そんなの知らない」と答えると、夫は私に「陽一が空手を習える道場を探してすぐに連れていきなさい」と言いました。気の短い夫の要望で、少し離れた小学校の体育館で開催されていた空手教室に連れていきました。陽一にとっては初めての経験でした。やり出したら、大好きになってしまったようです。

公文やSAPIXなどの学習

こちらも私の友人の紹介で教室を選びました。本人はとても気に入っていました。

絵を描くこと

1歳になる前からクレヨンを握って、絵を描いていました。プリスクールでも集中して絵を描いていました。絵は隣に住んでいた画家の先生に教えてもらっていました。

習い事のピアノは、今の音楽関係の仕事につながる

続いたものとしては、ピアノ（音楽）や習字、実験教室、空手、公文やSAPIX、プリスクールで集中して取り組んでいた「絵を描くこと」があります。これらは本人もやりたくて続けたものです。

ピアノは3歳の頃から習い始め、小学3年生まで続けました。

でも、楽譜が読めない。というよりも楽譜を読もうとする気がなかったようです。

ピアノは弾けるようになったのですが、どうやら耳で聞いた音と鍵盤の位置を覚えて弾いているようです。そうこうしているうちに、ベートーベンの『エリーゼのために』を楽譜なしに弾けるようになりました。これには私も驚きました。

現在、音や振動を文字や映像で具現化するという研究を続け、アート作品や製品をつくっていますが、音に関しての感覚は絶対音感によるものかもしれません。これはピアノを習わなければ、身につかなかったことだったように思います。

その後、陽一は高校生の頃から自分で作曲をするようになりましたが、本人はいまだに楽譜の読み書きは不得意と言っています。

子どもの頃にクラシックを聴かせるとよい理由

音に対する感性については、私の仕事も多少は関係があるような気がします。

私はクラシック音楽にかかわる仕事をしていたせいで、家ではいつもクラシック音楽が流れていました。小さいときからCDで様々なクラシック音楽を聴く機会があったというのも影響しているのでしょう。

指揮者カラヤンの『アダージョ・カラヤン』のCDプロモーションを仕事でしていたときは、朝からずっとそのCDを流していました。テレビのCMソングを子どもが覚えてしまうように、クラシックも流しておけば自然と子どもは覚えてしまいます。陽一がCDに入っている曲を全部覚えて曲名を言い当てるのにはびっくりさせられました。

ピアノを習っている子どもは多いし、なかには音楽家にさせたいと思っているご両親もいることでしょう。でもいきなり楽器を持たせると嫌がるお子さんもいるかもしれません。常に日常に音楽があるほうが、子どもにとってストレスなく音楽に親しめるのではないかと思います。

なお、4～6歳の子どもたちを対象にした研究では、音楽の教育と、記憶力[*9]や言葉を聞き取る力[*10]に関係があるとされているものがあるようです。親が好きであれば、音楽家にさせたいわけではなくても、部屋に音楽を流しておいてもよいのではないでしょうか。

その後、陽一の興味は、バイオリン、フルートと広がりましたが、バイオリンは独学で学びフルートには手を出しませんでした。最後はギターです。教則本を買ってきて、やはり独学で最終的には好きな楽曲を演奏できるまでに上達しました。現在の音楽にかかわる仕事については、当時の興味に任せて楽器を練習したことがベースとして生きているのかもしれません。

本人が好きで楽しいと思うことはできるだけかなえてあげることで技術だけでなく、知識や経験がついていきます。無理なく、興味を引き出すことも親の役目のような気がします。

＊9 Schellenberg, E. G. "Long-term positive associations between music lessons and IQ". Journal of Educational Psychology, 2002.

＊10 Anvari S.H., Trainor L.J., Woodside J. and Levy B.Z. "Relations among musical skills, phonological processing, and early reading ability in preschool children". Journal of Experimental Child Psychology, 2002. https://pubmed.ncbi.nlm.nih.gov/12408958/

必要があれば自然に勉強をし始める

一方、続かなかったのは英語です。

我が家の場合、私も夫も英語をしゃべりますし、日常的に外国人のお客様が家にいらしたり、電話もかかってくるので英語は身近にあります。

そこで、英語を身につけさせたいと思い、様々なことを行ないましたが、本人は興味を持ってくれませんでした。

最初は渋谷の公文の特別教室に通わせてみました。教室では算数のほかに、英語を数人のグループになって学びましたが、陽一はしゃべるのが苦手だったようです（算数は本気になってどんどん公文の問題集を解いていきましたが）。

次に近所に住んでいたイギリス人女性に英会話教師を依頼しました。仕事の関係から、我が家には外国の方も多く出入りしていたため、陽一は外国人には慣れているので外国人恐怖症はないのですが、英語は好きではありません。つまらなくなったのか、先生がいても寝てしまうようになりました。興味がないものには見向きもしない。これは陽一の特性のように思います。

その後もいろいろな先生をつけて英語を学ばせたのですが、ついに身につきませんでした。

それが最近では、「自分のゼミの学生には英語で論文を書かせるようにしている」などと言っています。英語が本当に必要だと自覚したから、英語を学び直し、自分のものとして身につけたのだと思います。

親がどんなに身につけさせたいと思っても、そのタイミングでは興味が持てないこともあると思うのです。そこを無理にやらせても、余計に嫌いになってしまうかもしれません。

楽しい、続けたい、必要だと思ったものでなければ、何事も身につかないように思います。

どれだけ子どもの意思に添えるか

ここまでは我が家の例をお話ししましたが、ときには、「なんでそんな習い事をしてみたいの？」と思ってしまうようなお子さんもいるかもしれません。

でも、それが本人のやりたいことであれば、ぜひ付き合ってあげてください。

そこに、お子さんの将来につながる何かがあるかもしれません。

親はどうしても自分を判断の基準にして物事を考えがちです。

本人がやりたいと言っても、「それはダメ。こっちにしなさい」と言いがちです。

しかし、大切なのは本人のやりたいことを見守ってあげることです。「こっちはダメ」と言っていると子どもは何をしていいのか混乱してしまい、せっかくのお子さんが持つ素晴らしい可能性をつぶしてしまいます。

なお、子どもが何に興味を示しているのか親にはわかりにくいところがあります。

特に幼稚園に入る年齢では、本当にいろいろなものに興味を示すので、何に一番関心があるのか、つかみきれないこともあります。そんなときもまずはお子さんに合わせることが大切だと思います。

なかには、なかなか自分では何がやりたいのかを話さない子もいると思います。そのときは、親御さんが必要だと思えたり、普段の様子からお子さんに向いているのではないかと思うようなものを見つけてみてください。

そのときも、決して子どもに押しつけるのではなく、**「あなたはやってみたい？」**と尋ねるのがいいと思います。

一方で親がやらせたいものについては、参加する前にどんなことをするのかを事前に説明して、子どもの興味を刺激することも必要です。

ちなみに、我が家では、本人がやってみたいというものはやらせますが、嫌な場合は無理せずやめさせていました。嫌なことを続けても身になりません。身につかないなら、それこそ月謝の無駄遣いです。飽きっぽい子になると困ると考える方もいるかもしれませんが、嫌々続けることで、苦手意識を持つほうが、将来的に考えれば、もったいないことのような気がします。

子どもは楽しくて自分に向いていることについては、自分から続けたがります。むしろそうしたことを見つけることにお金や時間を使ったほうが、子どもの才能を活かせるのではないでしょうか。

私のような働く女性にとっては、いろいろな習い事に通ってもらえたことは、本当に助かりました。

小さい頃の陽一は何もすることがない時間はほとんどありませんでしたが、好きなことが見つけられることは、長い人生においても楽しみが増すきっかけとなったと思います。

運動や勉強、趣味など子どもの将来には多くの可能性の扉があります。

ご両親はお子様が小学生になったら、「君のやりたいことを、なんでも遠慮なく言ってほしい。親たちが援助できること、できないこともあるかもしれないが、どんなときでもできるだけ頑張って応援したいと思っていますよ」と言い続けてほしいです。

習い事を始める年齢

「ゼロ歳から習い事をさせたほうがいいでしょうか？」
「もう小学生なので、遅いですか？」
などと聞かれることがあります。

インターネットを見れば、「IQの高い子どもに育てるゼロ歳からの幼児教室」「ゼロ歳からの幼児教育で、集中力と記憶力を高め知能やEQを伸ばす幼児教育」など、本当に多くのゼロ歳からの幼児教室の広告が掲載されています。

そういうものを見ていると、早めに何か始めなければいけないと、焦る方もいらっしゃるかもしれません。また逆に小中学生になると「もう手遅れじゃないか」と思い悩む方もいらっしゃるかもしれません。

私も出産前に、弁護士をしている友人からアドバイスされたことがあります。
「子どもの知能は1歳から3歳までに形成されるのだから、1歳半でプリスクールに入れないとダメよ」

そのとき私は漠然と、3歳くらいになったら幼稚園に入れればいいかなと考えていたのですが「それでは遅い！」ということを指摘されたのです。彼女は子どもを自分と同じように弁護士にしたいと考えていたため、1歳を過ぎる頃にはプリスクールに入れていました。

習い事は小学生からでも十分間に合う

でも、あらためて考えると、その「生後3年」の根拠はなんでしょうか？

近年、脳科学研究が進み、幼児の脳がどのように成長・発達していくのか。その過程がわかってきています。

山梨大学大学院の相原正男名誉教授によれば、脳は成長、成熟、発達という過程をたどるといわれます。[*11]

乳幼児から8歳頃まで年齢とともに脳は緩やかに増大し、8～15歳の思春期前後に急速に増大します。つまり、小学校に入学してから、本人がやりたいことを始めても十分に間に合うことを示しているのです。
したがって、「才能を見つけて伸ばす」ということは、小学生からでも、中学生からでも、間に合うのだと思います。

脳の発達のためには、できるだけ早く幼児教育を始めることが子どものためということが、まことしやかにいわれています。

しかし子どもの成長のスピードは人それぞれです。また、人見知りだったり愛想がよかったりと性格も様々です。

あの人は、お子さんを10か月で幼児教室に通わせたとか、あのお母さんは幼児教材を使っているといった噂を聞いて焦る方もいらっしゃいますが、その前にまずお子さんをしっかり見て、今何をしてあげるのが子どもにとって大事なのかを冷静に判断することが大事です。

＊11 相原正男「前頭前野の成長、成熟、発達―認知神経科学による知見―」神経心理学（2008年3月）https://researchmap.jp/read0019377/misc/14851825

本当は教室に行くよりも親や保育士さんにべったり甘えていることで安心し、発育していくお子さんもいるでしょう。

無理に教室や知育教材を強制させたがために、かえって勉強が嫌になり、生涯勉強が苦手になってしまうかもしれません。子どもが嫌がっているのにやらせるのは、やめたほうがよいと思っています。子どもに何が合うかを見極めるために、親は心と時間の余裕を持ちたいものです。

勉強は子どもだけのものではありません

これまで子どもの学習について話してきましたが、大人も勉強することが大事な時代だと思います。

企業では社員に対してリスキリング（学び直し）を推奨するようになっていると聞きます。デジタルの時代になり、新しい用語や技術が次々と登場しているので、それに対応して仕事内容も変わってきています。そうした時代の変革と要請にこたえることができる人材になるように、自ら学んでいくことが必要です。

そして、子育てについていえば、当然ながら、子どもは親の姿を見て育ちます。大人が勉強をしないで、なぜ子どもが勉強をするのでしょうか？

仕事で疲れて帰ってきて、ケータイを見たり、ゲームしたり、マンガを読んだりしてリラックスする時間を過ごしたい方もいると思います。

でも、親のそんな姿だけを見ていたら、子どもだって、ケータイを見たり、ゲームをしたりしたくなります。

せめてテレビのニュースを見たり、本や新聞を読むなど、親が学んでいるところを見せることも、大事な子育てではないでしょうか？

さらにいえば、最近のデジタルツールについていくことも必要です。

以前は、学習のツールは、紙の本や参考書、宿題はプリントでしたが、最近はタブレットで問題を解いたり、Google Classroom や Microsoft Teams のようなツールを活用する学校もあります。

親もそれについていかないと、子どもの宿題を一緒にやってあげたり、何かのときに助けてあげることもできなくなります。

落合陽一

これからの「勉強」の話

私自身は、昔から学ぶことが嫌いではありませんでした。部屋にこもって自分のペースで勉強するのが性に合っていたので、自発的に本を開いたり、ひたすら問題集を解いたりしていた記憶があります。とはいえ、これは単に私の好みにすぎず、リビングで家族がそばにいるほうが集中できる人もいれば、図書館の静かな雰囲気が合う人もいるでしょう。結局のところ、どんな学習スタイルであれ、本人が「やりやすい」と感じることが学びの継続には不可欠だと私は思います。

今の時代、「学ぶ」という行為そのものが大きく変わりつつあるように感じています。生成AIが当たり前に使われるようになり、プログラミングやクリエイティブな作業であっても、昔よりずっと効率よくアウトプットが可能になりました。これは学習面でも同じです。アクセスさえできれば、低コストで膨大な情報に触れ、疑問を即座に解消できる環境が整っている。たとえば、私は1日に30分ほどしか空き時間がとれない日があっても、その30分を使ってChatGPTで中国語を学んだり、新しい研究分野のトピックをざっと掘り下げたりしています。誰もがこうした道具を活かせば、学びの速度と幅は劇的に広がるはずです。

AIが学びの格差を広げる

しかし、現実を見ると、多くの人は空いた時間があっても本を読まず、ChatGPTのようなツールにも触れないまま過ごしているように思います。

AIを活用して圧倒的に生産性を伸ばしている一部の層と、それをまったく使わない大勢の層との間で、学習効率やアウトプットにおける格差が広がりつつある。その結果、以前なら博士課程を修了していないと通すのが難しかったレベルの論文を、学部2年生があっさり書けてしまったり、「自分はIQが低い」と言いながら生成AIをフル活用して研究を量産する学生が出てきたりするわけです。AIと二人三脚で知識を身につける習慣ができれば、「学問のハードル」は大きく下がる一方で、「ＡＩを使わない選択」をした人との間にギャップが生まれることになります。

実際、私の知り合いの数学者は、10代前半で大学に入り、20代前半で博士号を取得しています。かつては「天才中の天才」として一握りの例外だった人材が、今後は幼少期からＡＩを活用して育った子どもたちの中から続々と出現してもおかしくないと考えています。

すでに大規模マルチタスク言語理解（ＭＭＬＵ）のテストでは、人間の専門家の平均スコアを上回るＡＩも登場しているわけですから、そうした高度なサポートを活かせば、これまでは不可能とされたスピードで学問を修得する子が増えるでしょう。そうなると学校教育の進度と合わず、在籍中に博士レベルの知識を修める児童・生徒がいても不思議ではありません。

大事なのは「学びたい」気持ち

もちろん、誰もが生成ＡＩを活用して高速に学習できるわけではありません。そこにはインフラやリテラシーの問題があり、家庭環境によって格差が出る可能性も否定できません。ただしインターネットの接続やスマートフォンを利用して、月に数千円程度の課金だけで先端的な教育リソースにアクセスできるという状況は、歴史的に見ても画期的だと思います。費用対効果を考えると、塾や家庭教師に高額を投じるよりも、ＡＩを使い倒すほうがずっと効率的に学べるケースは少なくないでしょう。

ここで重要なのは、「ＡＩを使えばなんとかなる」という楽観論ではなく、「自分から学びたいことを探し、疑問をぶつけ、検証する主体性」があるかどうかです。ツールがいくら優秀でも、使わなければ意味がありません。

私自身も「パーシステントホモロジー」という専門外の分野に出くわしたとき、まずChatGPTに基本的な説明を求め、そこから一緒にサンプルコードを書いてみるという方法で、大学レベルの講義数回分の内容を30分ほどで理解することができました。もちろん、深い探究には文献を漁ったり、専門の先生に教えを請うステップも必要ですが、概観をつかむスピードは従来の比ではありません。

小学生や中学生でも、自分のレベルに合わせて「鶴亀算がわからない」「円安って何？」と具体的に質問すれば、AIが段階的に答えをくれる。学年や年齢に縛られず、自分でピンポイントの疑問をぶつけられるなら、AIは強力な家庭教師になるでしょう。

ただし、だからといって学習の基礎となる分野を軽視していいわけではありません。私が「数学をしっかり学んでおくほうがいい」と考えるのは、数学は基礎が抜けてしまうと高いレベルに行ったときに壁にぶつかりやすいからです。学校教育の段階的なカリキュラムには意味があり、特に初歩的な演算や概念は飛び級で一気にマスターできるものでもない。AIがある時代とはいえ、算数から数学へと積み上げるプロセスをすっ飛ばすと、理数系の高等教育・研究の現場で手詰まりになる可能性が高いと感じます。その点さえ押さえておけば、大人になってからでもＡＩを使って再学習をすることは十分可能です。

結局、学びのスタイルは人によって違いますし、何をどのペースで身につけるのかも十人十色です。ただ、誰にとっても共通していえるのは、「学ぶ手段がこれまで以上に自由で多様になった」という現実でしょう。学校に通うだけではなく、オンライン学習や生成ＡＩを使った自己学習、研究コミュニティへの早期参加など、選択肢はいくらでもある。自分が「どんな環境で学習すると捗《はかど》るのか」を見極めながら、ＡＩやネットを最大限活かしていけば、１日のうち少しの空き時間でも新しいスキルや知識を積み重ねることが可能です。そういう時代にあって、従来型の「勉強」だけに固執していると、むしろ時代から取り残されるリスクがあるように思います。

「なぜ学ぶのか」を子どもと考えよう

私としては、親が無理に子どもを塾や習い事に送り出すより、「なぜ学ぶのか」「どんな分野に興味があるのか」を一緒に考えてあげるほうが、よほど効果的だと感じます。子どもが本当に面白いと思えれば、自発的にChatGPTやオンライン教材を調べたり、SNSで同好の士を見つけたりするかもしれない。そのきっかけさえ提供できれば、あとは子ども自身がスピード感を持って伸びていく可能性は大いにあります。

結局のところ、学習における主体性がこの時代ほど重要性を増している時期はないと私は思うのです。スキルを身につける速度も、アウトプットを生み出す効率も、ツールを使いこなした人だけが飛躍的に上がっていく。そうした環境下で、それを活用するかしないかは一人ひとりの自由ですし、学ぶかどうかを決めるのも自分自身です。

いずれにせよ、これから「学ぶ」という行為自体はますます変容を遂げるでしょう。1日24時間という物理的な制約は変わらないのに、私たちの周囲にはAIをはじめとした強力なツールが集まり、圧倒的な情報量と効率を得られる時代になっている。もし自分が何かを学びたいと思うのであれば、今まで以上に最短経路で、その技術や知識を身につけられるチャンスがあるわけです。

にもかかわらず、そうした恩恵を受け取らないまま、従来の勉強法にこだわってしまうのは少々もったいない。学びの最前線に誰でもアクセスできる時代だからこそ、自分なりの学習スタイルを見つけ、さらにAIやデジタルツールを駆使して新たな地平を開いていく――そのほうがずっとエキサイティングな未来を切り拓けるのではないでしょうか。

第2章

子どもの可能性を広げる

「やめなさい」か「一緒にやろう」か？

Q.

子どもが、へんなものに興味を示したら？

A

「これ、どうなってるんだろうね」と寄り添ってあげる

B

それよりもこっちのほうが面白いよと、親が興味のあるものを見せる

科学的子育てのヒント

好奇心は「学ぶ力」の原動力

子どもは好奇心の天才です。歩くこともまだ十分にできない乳幼児の頃から様々なもの、音、匂い、味に興味を持ちます。その興味の対象が子どもによって違います。その子が興味を持ったものに対して、「好き」あるいは「嫌い」という感情や、もっと知りたいという欲求が出てきます。

好奇心は、「学ぶ力」の原動力になるとよくいわれますが、海外の研究では、好奇心の強さは、新しいことを学ぶ意欲や、幼児期の低所得層の子どもの成績向上に関係があるという調査結果もあります。[*1]

日本と海外では、背景も大きく異なりますが、子どもの好奇心を発揮させるために

＊1 Prachi E. Shah, Heidi M. Weeks, Blair Richards & Niko Kaciroti. "Early childhood curiosity and kindergarten reading and math academic achievement". Pediatric Research, 2018. https://www.nature.com/articles/s41390-018-0039-3

は、親のかかわり方が重要だと思います。

そして、子どもが好奇心を発揮するには、「安全な場所」であることが大事だということが研究でわかっています。*2 つまり、「これは何?」と聞いても嫌な顔をされる、「これをやりたい」と言っても「やめなさい」と言われる——そんな状態では、子どもは自分の持っている好奇心を発揮できないのです。逆に、一緒になって考えてくれたり、「この子はこんなことがしたいのではないか」とさりげなく誘導してくれると、子どもは自分の好奇心のままに、知的な探求を進めていけます。親が子どものやることをしっかり受け止めることで、子どもは安心して本来持っている好奇心を発揮することができるのでしょう。こうして自ら学ぶ意欲を育んでいくのだと思われます。

また、最近の脳に対する研究によると、脳には「可塑性《かそせい》」と「汎化《はんか》」という2つの性質があることがわかってきたといいます。

可塑性というのは、変化して成長することができる能力であり、汎化はある能力が伸びるとそれをもとに関連する能力も伸びていくという特性です。

子どもが興味を持ち好きなことをとことんやっているうちに、脳は成長して、好きなことに関連する能力も伸びていくのです。

「これやりたい!」の好奇心 対 「これはダメ」の親の気持ち

我が子には好きなことをやらせてあげたいというのが親心です。

好奇心は、いまや学習意欲にもかかわってくると考えられていますし、好奇心を思う存分発揮して、本当に好きなことを見つけてもらいたい。

これもまた多くの親御さんの願いです。

でも、現実にはどうでしょう。

子どもから「あれやりたい!」「これやりたい!」と言われると、わがままに思えて「やめなさい」と言ってしまう。

もしくは、子どもが集中して何かに向き合っていても、自分が疲れていると「もう帰ろう」「やめよう」と言ってみたり。

＊2 Pianta, R. C., La Paro, K. M., and Hamre, B. K. "*Classroom Assessment Scoring System (CLASS) Manual, Pre K*". Brookes Pub. Co., 2008. https://psycnet.apa.org/record/2007-18793-000

子どもの好奇心を育みたい、興味を持ったことを伸ばしてあげたいと思いながらも、実際には子どものすることにストップをかけていることも多いように思います。

子どもは興味のあることに熱中し、その気持ちのままに様々な行動をとります。

虫かごいっぱいにセミを捕るために、木の幹に砂糖水を塗ったり、セミの鳴き声の場所を探して耳をそばだてたり。セミは親にとっては気持ち悪いだけの存在かもしれませんが、子どもにとってはようやく採取した戦利品かもしれませんし、観察の対象かもしれません。

「すぐに捨ててきて！」と言う前に、一緒にセミ捕りに行き、どうしたらたくさんのセミを捕まえられるのか一緒に考えたり、セミの短い一生について話してあげたら子どもはセミを木に戻そうと考えるかもしれません。

壁や床に絵を描いた子どもは、親を困らせたかったのではなく、純粋に絵が好きで絵が描きたかっただけかもしれません。だったら、絵を描きたい子どものそばに、カレンダーの裏紙や折り込みチラシと色鉛筆を置いておけば、思う存分絵を描くことができ、子どもは満足するでしょう。

親と子どもの感覚は違います。大人になるとどうしても子どもの頃の気持ちや行動は忘れてしまい、大人の合理的な論理を子どもに押しつけてしまいがちです。

子どもの好奇心は行動力や思考力の源です。子どもが興味を示すものを伸ばしてあげたいと思うのなら、すぐに「あれはダメ」「これはダメ」「捨ててきなさい」といった、制限する言葉を封印することが大切な気がします。

今は好奇心こそが知識の源泉ともいわれますが、子どものときこそ、その好奇心を育ててあげたいものです。

我が家の場合

子どもの才能を伸ばす3つのルール

我が家では、

- 子どもがやりたいことは、積極的にやらせる
- それがとんでもないことでも、怒らない

※ただし、危険なことは止める

- 集中しているときは見守る（放っておく）

ということを実践していました。これを見ると放任していただけのように思われるかもしれませんが、実際は、「親が勧めるものにチャレンジさせたい」「危険なこと、汚いことはやらせたくない（やってもらいたくない）」とかなりの葛藤がありました。

でも親の思いを押しつけることは、本人の将来の芽をつむことになるかもしれない

と思い、我慢していました。そんな親の気持ちなどまったく忖度することなく、陽一はやりたいことをやりたいようにしていたのですが。

ここで、具体的にどんなことをしていたのかをまとめていきたいと思います。

自由研究で部屋がカビだらけに……

我が家では、「子どもが何かに熱中しているときは、子どもを止めない」「やりたいようにさせるが始めたら最後までやらせる」ということも意識していました。息子はインタビューなどで、「うちの両親は放任主義だったから」と答えていますが、放任ではなく「子どもがやりたいことは、積極的にやらせる」を実践していたのです。

小学校4年生の夏休みの自由研究のテーマが決まらないときがありました。いろいろ考えても、どうもピンとくるものが見つからなかったようなので、私が何気なく「カビはどう?」と言いました。ほんの思いつきで、特に意味があったわけではありません。

陽一はその言葉が頭に残っていたようで、なんと自由研究としてカビの実験をしたいと思ったようでした。

当時家庭教師だった細野さんから、実験用シャーレをもらったことも好都合だったようです。

当時住んでいた私の両親の家には、半地下に広い応接室があり、陽一はそこでカビの実験を始めました。半地下は夏はそれほど暑くはないが、湿気がひどい。冬はそれほど寒くはないが、ある程度の湿気はある、という環境でしたので、カビを増やすには最高でした。特に実験時は夏で湿気がひどく、すぐカビが生えるので、びっくりしました。陽一は温度計と湿度計のついた温湿計をしっかりと用意していました。

シャーレの一つひとつにソース、ケチャップ、醤油、マヨネーズなどの調味料を入れ、10種類以上のカビを発生させました。調味料によって赤いカビ、青いカビ、黒いカビと出現するカビの種類が違います。どのように増えるか、温度や湿度の関係による成長の違いなどを観察して自由研究として提出しました。陽一はカビがしっかり生えるように室内の湿度が高めになるように工夫して、本人も納得できるような結果が得られたようでした。

ただ、本人が夢中になってカビの研究をしていた分、その後が大変でした。そろそろやめてもいいだろうと思って声をかけるのですが、「まだやめない」「まだ実験を続ける」と粘ってカビを観察するので、どんどんカビは繁殖していき、最後は部屋がカビだらけ！

カビの胞子が飛んだようで、あちこちでカビが生えていきました。なかにはキノコが生えそうなところもあり、このままにしておくと、観察が続きそうです。いつもは片づけは子どもにお願いするのですが、あのときばかりは、すぐに対処しないと、家中が大変なことになると、私が急いで片づけました。

親は一苦労でしたが、子どもにとっては、気になることについて深く探求していく、という体験ができたのではないかと思っています。

やりたいことをやらせてわがままにならないか？

やりたいことばかりやらせると、わがままにならないか。

そんなことを考える方もいるかもしれません。

教育評論家の親野智可等《ちから》さんは、子どもが熱中してやっていることについて、親が価値を見いだしていない状況は、もったいないと言っています。[*3]

熱中していることについて、親からほめられたり応援してもらえると、子どもは「自分は誰よりもこれが得意なんだ」と実感し、自信が持てるようになるそうです。そして、さらに楽しくなって続けようとします。こうして、自分の関心のあることをやり続けることで、**将来、自分で設定した目標に向けて頑張る力が身につくそうです。**

＊3 親野智可等「【それは子どもがやりたいこと？】大人の押しつけで〝言われたことしかできない〟子に」こそだてまっぷ（2024年4月30日） https://kosodatemap.gakken.jp/life/family/37891/

我が家の場合

好きにさせるから「自立」も促せるほめる力

先ほども触れましたが、陽一を育てるにあたって気をつけたのは、やりたいようにさせるが始めたら最後までやらせるということでした。

子ども任せだと大変なことになってしまうと心配される方もいるかもしれません。でも、「好きにさせる」ことと、「責任」を一緒にすることで、「自立」を促せる点もあります。

我が家の例ですが、陽一は家の中にあるものを、分解することが好きでした。分解することを覚えたのは、小さなドライバーを手に入れたことに始まります。

幼稚園に入る頃だったと思います。私の母が陽一と留守番をしていたとき、母の仕事用の道具が入っているケースの中を見て、陽一が、「これなあに？」「何に使うの？」

と質問してきたそうです。その中に何種類かのドライバーが入っていて、母が危なくないように小さめのドライバーを陽一に渡してしまったのが、始まりです。

最初に母はそれを使って、ねじで四方を止めてある箱をドライバーで分解するやり方を教えたようです。同時に母はねじをなくすと二度と同じ形に戻らないことも教えて、陽一も理解していたと言っておりました。

「壊したら元通りにしてね」

これがきっかけとなり、陽一はすっかりドライバーを使うことが気に入り、なんでも分解するようになりました。時計やラジオ、計算機、置き時計など、どういう仕組みで動いているか気になったのかもしれません。家の中で分解できるものは、ことごとく分解をしていました。テレビも分解されそうになったのですが、ブラウン管が危ないのでそれだけはやめさせました。

困ったのは、勤務先に電話をかけてきた方から、「ご自宅に何回かけてもお話し中だ」と指摘されたときです。当時は、メールが一般的ではありませんでしたので、このままだと支障が出るのではと心配になり、慌てて自宅に戻りました。まさか電話機まで分解されていたとは思いませんでした。

でも、私は叱りませんでした。

ただ、**「ああ壊れたのね。でもお利口さんだからもう一回、それを組み立ててちょうだい。それができないと、お馬鹿さんよ」**

と、陽一の目を見て伝えました。

頭から叱るのではなく、「壊してもいいけれど、元通りに直してね」と言うことで、子どもがやっていることを認めてあげます。そしてその上で、それを元通りにすることも伝えます。すると、やがて壊しても、きちんと元に戻せるようになりました（でも、当時は幼稚園児です。さすがに電話機は、元には戻せませんでした）。

子どもは、直せなくなると理屈をこねて正当化しようとします。私はそれを聞いても怒りはしませんが、戻す努力をするように言いました。その繰り返しです。

そうすると本人も組み立てなくちゃと思い、自分なりに考えて組み立てる努力をしました。悪戦苦闘の末に、ようやく完成したら「あなたは素晴らしい。天才だわ」と精一杯ほめました。私だけでなく、同居していた私の両親も妹もほめたのでした。

子どもはほめられることが大好きです。ほめられたいために、次に分解するときは、元通りに直すことを考えながら分解するようになるので、元通りになる確率が高くなります。元通りになると、精一杯ほめます。子どもながらに、「お利口さんね」と言われると嬉しいようで、それが自信につながり達成感が得られたようです。

一方、戻せなかったということを自覚させることで、やってはいけないことも併せて学んだのではないかと思います。

いたずらをする子どもの気持ちを考えてみる

子どもがいたずらをすると、「なんでこんなことするの!」と怒りたくなります。あるいは「やめなさい」と禁止してしまうこともあるでしょう。

子どもがいたずらをするときには、それに興味があるとか、触ってみたかった、あるいは誰かの関心を引きたかった、お母さんに甘えたかった、といったことが隠れていることがあります。その根本にあるものを見ないままに、禁止したり怒ったりしては子どもの探求心や好奇心の芽をつんだり、あるいは寂しがっている気持ちを理解できないこともあるように思います。

子どもが何かをしたときには、一度はその行動を認めます。ただし、誰かを困らせたり、不快にさせることはよくないので、そのことを伝え、だったらどうするかを考えることが大事です。

そしてきちんとできたら「**すごいね。天才だね**」と精一杯ほめる。

こうすることで、子どもの興味や好奇心に制限をかけることなく、さらに何かしたら元に戻すということを習慣づけることにもつながります。

今でも陽一は、何か大変なことがあっても、「大丈夫、なんとかする」と言って自分から動いていきます。これは、子どものときに「何かあっても自分で収拾をつける」という習慣がついているからではないかと思います。

とはいっても、危険なことはダメです。危険なことはなぜダメなのかをしっかり説明して、理解させることが大切です。

Q.

バケツいっぱいの昆虫を捕まえてきて、「飼いたい」と言われたら、さてどうする？

A

「この虫はなんという虫かな？名前を教えて」と言う

B

虫なんか家に持ってきて！早く捨ててきなさい

科学的子育てのヒント

自然が子どもの何を伸ばすか？

子どもは昆虫が大好きです。虫を手で捕まえて、親にわざわざ見せにくることもあります。

そんなとき、どのような反応を示しますか？

「気持ち悪い！　早く捨てて！」

と言うか、

「この虫の名前、なんて言うの」

と聞くのか。

この親の対応によって、子どもの好奇心が刺激されたり、しぼんだりします。

都会にいると、なかなか自然に触れる機会もなくなってしまいますが、第1章で紹介した子どもの体験活動に関する調査を見ると、自然に触れる体験が多い子どもほど、道徳観・正義感が高い傾向があり、自己肯定感も高まりやすいという結果があるようです。

親としては、忙しい中でも、機会を見つけて子どもを連れ出してあげたいように思います。

東京は都市化が進んだせいで、樹木が減少し、それに伴い虫が減っていきましたが、最近は地球温暖化をストップさせる目的もあり、都心の大規模開発では都市型の森林をつくるところが増えています。それに伴い、鳥や昆虫が戻ってきている地域もあるようです。

自然に親しみ、そこで暮らす昆虫を見て触ることが、子どもの持つ好奇心を刺激することにもつながると思います。

未来のファーブルの可能性をつぶさないことも、親の仕事かもしれません。

我が家の場合

ピラニアで食物連鎖を知る

陽一はいろいろな生物が好きで、本当にたくさんの生き物を飼っていました。生き物とのかかわりについても、たくさんのエピソードがあります。

陽一は近所に住むイギリス人のヘレンさんの家に行くのが大好きでした。そもそもは英会話を習うという目的で通っていたのですが、英会話が嫌いな陽一にとっては、別の理由がありました。ヘレンさんの家では、大きな水槽にピラニアと熱帯魚、それに南米熱帯地域に棲む毒のあるベルツノガエルを飼っていたのです。陽一は、この今まで見たことのない生き物に興味津々でした。

陽一が幼稚園に入った年、ヘレン夫妻のニューヨーク転勤が決まりました。ピラニアも猛毒を持つカエルも連れていけないから、陽一がもらってくれないかと言われました。息子は大喜び。水槽ごとすべていただけることになりました。

大きな水槽に気味の悪いカエルや大きなピラニア。正直、私は、「家に置くのはどうかな？」と思ったのですが、陽一の喜びようを見ていると「もらってきてはダメ！」とは言えませんでした。

初めての熱帯魚に家族中ビックリ。

陽一は毎日、ピラニア2匹、ベルツノガエル1匹、そして熱帯魚の世話をしていました。水槽の水を取り替えるときは、それらの生物を他の容器に移さなければならず、家中、大騒ぎでした。

それでも、子どもが関心を持ったものには付き合おうと、毎回奮闘していました。

水槽に飼われている熱帯魚は、実はピラニアの餌です。毎朝赤い熱帯魚が2～3匹いなくなります。ピラニアは生きている魚が好きなので、餌として赤いめだかのような熱帯魚を買ってきては夜に水槽に入れるのですが、朝にはいなくなっています。かなり残酷でしたが、世の中というか、生き物の生態系を実感させるにはよかったかもしれません。

陽一は水槽の中で繰り広げられる食物連鎖を飽きることなく観察していました。ピラニアは小さな熱帯魚を食べるのですが、なぜかエンゼルフィッシュに弱い。エンゼルフィッシュは意外と気性が荒くて、ピラニアの体の鱗をどんどん食べてしまう、という信じられないことが目の前で起こりました（後で調べましたら、エンゼルフィッシュは肉食で他の魚を襲って食べる性質があるようです）。弱肉強食というか食物連鎖というものを自分の目で実感させることも重要な経験だったように思います。

自分でもらってきたので陽一は魚たちが可愛くて、水槽についつい手を入れてしまいそうになります。ピラニアに手を食べられてしまうこともあるので、絶対に手を水槽に入れてはいけないと厳しく注意していました。できるだけ子どものやりたいようにさせるという方針ではいましたが、危険なことはしないように言い聞かせていました。

しかし、ピラニアが大きくなり水槽がせまくなってきた頃、エンゼルフィッシュに鱗を食べられすぎて元気がなくなり、2〜3年で死んでしまいました。陽一は大泣きしました。

「ピラニアを飼うのはもうやめよう」

と言うと、陽一が私を「なぜ？」という目で見ます。

「ピラニアはせっかくアマゾンの広い川で生き生きと暮らしているのに、はるか遠い日本までやってきて、自由のないこんな小さな水槽で生きてゆくのはかわいそうとは思わない？」

陽一はやがて泣き止み、

「じゃあ、エンゼルフィッシュも、家の水槽より大きな水槽のあるデパートに連れていってあげよう」

と言いました。川に流して外来種として生態系に悪い影響があっても困ります。デパートであれば引き取ってくれるか、対処法を教えてくれるかもしれません。そこでまずは相談してみようと、大きくなったエンゼルフィッシュを持って、なじみのデパートの熱帯魚売り場に行きました。すると、店長さんがすごく喜んで引き取ってくださり、陽一も大満足でした。

神様は必要があってゴキブリもつくった

小学校時代には近所のペットショップでハムスターを買って育てたのですが、あっという間に増えてしまいました。これ以上家では飼えないので小学校に持っていき、友達にあげたり、学校で飼ったりしたのですが、どんどん増えて学校の檻から逃げ出し、捕まえるのに大騒動となりました。

増えて困ったのがゴキブリです。マダガスカルゴキブリという大きめのゴキブリを飼っていたのですが、小さな箱に2〜3匹飼っていると、あっという間に箱からあふれるほどに増えてしまいます。

陽一は何を食べて、どのように増えるのか観察していました。しかし増えすぎて家の中のあちこちにゴキブリが出現。叱りはしませんでしたが、とにかく責任を持って捕まえるように言ったところ、陽一はもくもくとゴキブリを捕まえていました。

ゴキブリを飼うのは大学生になっても続きました。なんと東大の大学院へもゴキブリの飼育箱を持っていったようです。研究室でゴキブリが大発生し、担当教授から怒られたと聞いています。それでも、「ゴキブリと蛍は外見が似ているのに、蛍は単に光るというだけで珍重されて、ゴキブリは排除される。それはおかしいと思う。神様はノアの箱舟にすべての生物を乗せて生かそうとしたからゴキブリもこの世にいる。ゴキブリを蛍みたいに光らせると大事にされるのでは」と言って、そんなテーマでのイベントを筑波大と東大で実施しました。

生きているゴキブリの背中に光る塗料をつけて、蚊帳の中にたくさん入れて電気を消したところを見てもらいました。お客さんは「キレイ。キレイ」と言っています。本人は後で「あれはゴキブリなのにね。蛍は見たいけど、ゴキブリは嫌だと言う。でも、光っていると蛍と錯覚してしまう、人間ってそんなものだよ」と言っていました。

ゴキブリに対する興味は子どもの頃から始まったもの。これだけ長く興味を持っているということは、ゴキブリには何か魅力があるのかもしれません。あまり気持ちのいいものではありませんが。

ゴキブリはどうかと思いますが、お子さんが好きなことを見つけたら、親も一緒に遊んであげられるとよいと思います。

子どもは大好きなお母さんやお父さんと一緒に何かをしたいのです。それが喜びであり、それがモチベーションにもつながっています。

私は基本的になんでも面白がる性格でしたので、毒蛙にもカビにもキャーキャー言いながら陽一と楽しんでいました。

子育ての中では一緒に楽しんだことが、後になって最高の思い出となっていくのだと思います。 子育ては大変だ！　お金がかかる！　受験勉強させなくちゃ！と「ねばならない」的思考にとらわれてしまうと、本当につらくなります。でも、子どもの好奇心のままに、一緒になって新しいことにチャレンジしていけば、それが親にとっての学びにもなるのではないか、そんなことを考えたりしています。

Q. 言葉を覚えるのはどっち？

A 好きなもの・関心のあるものから覚える

B 目にしたものはなんでも覚える

科学的子育てのヒント

楽しいものから言葉を覚える

乳児は、自分が興味をひかれることに関する言葉から覚えるといわれます。[*4] 2006年にアメリカで行なわれた研究ですが、赤ちゃんに明るい色で音が聞こえるものと、色も見た目も地味なものを見せたときに、注意をひく前者のほうを覚えたそうです。

誰でも関心があるものに興味をひかれるのは当たり前のこと。子どもが電車の名前や虫の名前を大人以上に覚えたりするのも、当然なのかもしれません。

我が家も意図せず、そうしたことがありました。

*4 EurekAlert!. "Children's earliest words stem from what interests them". 2006. https://www.eurekalert.org/news-releases/468640

我が家の場合

興味を持ったものはできるだけ与える

子どもによって電車が好きな子、ままごとが好きな子、レゴが好きな子、お人形が好きな子とそれぞれ好みがあります。様々なおもちゃを与えたり、いろいろな場所に連れていったりする際に、何をすると子どもの瞳が輝くかをしっかり観察することで興味の対象がわかります。そうしたことから、子どもの得意を伸ばしてあげることもできるのではないでしょうか？

陽一が1歳か1歳半の頃、知り合いの方からミニカーを1台いただきました。とても喜んだので、その後何台か買い足したところ、車の名前をすべて覚えて私たちに教えてくれるようになりました。

ポルシェやベンツ、トヨタ、日産、さらにはトラックや消防車、パトカーやバスまで販売されていましたので、店で見つけるとできるだけ買ってあげました。

2歳になり言葉がしっかりしてくると、好きなミニカーについていろいろとしゃべるようになりました。本人は解説していたのかもしれません。当時はバキュームカーのミニカーも販売されていて、陽一はよほどそれが気に入ったのか、「大きくなったら僕は、バキュームカーの運転手になりたいでーす」といろいろな人に得意になってしゃべるようになりました。

このことは、**好きなもの、興味を持ったものに関する情報を記憶し、言葉にするという訓練になったのかもしれません。**

本人が好きで楽しいと思うことはできるだけかなえてあげることで、知識や経験がついていきます。無理なく、興味を引き出すことも親の役目のような気がします。

大人の話を聞かせる「耳学問」が成長の糧

我が家では、陽一が物心ついてからは、子ども扱いせず、大人と同じように接するようにしていました。話す話題も、子どもだからといって、それに合わせることもあまりしませんでした。

子どもに大人の話はできるだけ聞かせないほうがいいという方もいらっしゃいます。政治や経済、文化的な話を聞かせても、子どもにはどうせ理解できないと思う方もいるかもしれません。子どもに聞かせたくない話もあるから、とおっしゃる方もいることでしょう。

でも、子どもは子どもなりに考え、善悪なども判断しています。大人の話を聞くことが、知識を積み上げるベースになることもあります。

我が家には様々なジャンル、国籍、経歴の方が遊びに来られたのですが、お客様がいらしても陽一に子ども部屋に行くようにとは言いませんでした。大人の話に邪魔をするのでなければ、同じ部屋にいさせました。

陽一は本人が大量の本を読み知識を蓄えていっただけでなく、毎日のように家にやってくる国内外の来客との話をよく聞いて、考え方や判断なども学んでいたのだと思います。

子どもの頃から大人びた口を利いていましたが、それは常に周囲に大人がいて、大人たちも陽一を子ども扱いすることなくそこにいることを許していたからです。

子ども扱いしない父親から、学べたこと

実は陽一は常に頑張る子です。これは父親の落合信彦の性質をそっくりそのまま受け継いでいます。

たとえば、小さい頃には親子で囲碁や将棋をしていました。最初は父親の連戦連勝でしたが、陽一は、それに負けじと様々な本やテレビで学び、強くなっていきます。すると、父親が負ける対局も出てきました。

また、陽一が小学3〜4年生の頃、何かパソコンの部品を買ってほしいと父にねだったところ、父親はその意味がまったくわからなかったようです。急に「おい、陽一、お前哲学の本は読んだか？」と言う話にすり替えられてしまったのです。

陽一は自分がわからない分野のことを言われたので「哲学なんか知らない。そんなものクソ喰らえだ」と言い返したので、父親とケンカになってしまいました。

「哲学を読め。俺はニーチェを読まないやつとは口を利かない」

と言い出す始末でした。

「哲学を読まないと口を利かない」と言われた陽一は、父親から言われたニーチェをはじめとした哲学書を読み、それを理解するよう努力していました。そして哲学の素晴らしさを理解したと、私は思います。そんなことで、同じ年齢の子どもと比べると読書の経験もついた気がします（おかげで余計に生意気な口を利くようになったのは言うまでもありませんが）。


こんなこともありました。

あるとき、夫が仕事のために定宿にしていたホテルのお寿司屋さんで、陽一と3人で夕食をとっていたところ、隣の席に某大手企業の元社長ファミリーがお座りになっていました。夫はその方と知り合いだったのですが、大きな声でまだ小学校低学年の陽一に聞いたのです。

「おい陽一。今のアメリカの大統領は誰だか知っているか」

陽一も父に負けないように大きな声で、

「僕知ってるよ。不適切な関係のクリントン大統領でしょ」

そのときは、ニュースでクリントン大統領（当時）の不倫が報道されていました。わざわざ不適切な関係という言葉をつける陽一に、私は恥ずかしく周囲にひたすら頭を下げていました。お隣の元社長ファミリーだけでなく、カウンターの板前さんまで思わず手を止めて大笑いしていました。夫は平気な顔で、

「お前よくわかったな。正解だ。よく勉強したえらいぞ」

と、常にこんな調子でした。

陽一は大人の会話をじっと聞いているだけでなく、ニュースなどもジーッと見ていました。世の中の話題に遅れてはいけないと子どもながらに思っていたのだと思います。だから「不適切な関係の」という、当時話題になっていた言葉もとっさに出てきたのでしょう。

最近は在宅勤務が普及し、家で両親が仕事をしている姿を見せることができるようになっています。リモート会議などで子どもが画面に映り込むと「うるさいから、あっちに行って」と言う方が大半だと思います。でも、日頃から仕事の中身や、リモート会議の大切さなどを子どもに話したり、あるいは静かに聞かせることで会社というものに対する認識や、仕事についての興味が増していくのではないでしょうか。

落合陽一

やる気＝「不思議がる力」の問題

私が常々感じているのは、「子どものやる気」という問題は、根本的には「不思議がる力」に集約されるという点です。物理学者・随筆家の寺田寅彦は『化け物の進化』[*5]の中で、こんなことを書いています。

「科学教育はやはり昔の化け物教育のごとくすべきものではないか。法律の条文を暗記させるように教え込むべきものではなくて、自然の不思議への憧憬を吹き込む事が第一義ではあるまいか。これには教育者自身が常にこの不思議を体験している事が必要である。既得の知識を繰り返して受け売りするだけでは不十分である。宗教的体験の少ない宗教家の説教で聴衆の中の宗教家を呼びさます事はまれであると同じようなものであるまいか」（『化け物の進化』）

彼は、既存の知識をただ受け売りするのではなく、教育者自身が常に「不思議だ」と感じる体験を共有できなければならないと説きました。この指摘は昭和初期のものですが、現代の教育においても、その意義はまったく色褪せていないと私は思います。

子どもの「なんだろう？」が学びの起点

実際、「やる気が出ない」問題は、大人から「もっと勉強しなさい」「集中しなさい」と外部的に押しつけられることによって引き起こされる場合が少なくありません。重要なのは、子どもの側が「なんだろう、不思議だ」「やってみたい」と思う好奇心をかき立てられるかどうかです。もし好奇心さえ刺激されていれば、子どもは自然と「試してみる」「遊んでみる」方向へ向かい、その結果として「やる気」や「学びの深まり」が生じる。これは教育心理学の分野でも繰り返し指摘されていることであり、『民主主義と教育』（Dewey, 1916）[*6]を書いたジョン・デューイも、学習者の興味や目的が

＊5 小宮豊隆編『寺田寅彦随筆集 第二巻』岩波書店（1993年）
＊6 Dewey, J. "Democracy and education: An introduction to the philosophy of education". MacMillan Publishing, 1916.

大切であることに言及しています。
私の場合、幼少期から「なんで動いているんだろう」と考えるクセが抜けず、手に取った物が不思議であればすぐに分解してみる、という行動を繰り返してきました。寺田寅彦が言うように、自然や現象に対する憧憬や不思議さを自分の中で解決しようとするプロセスが、いわゆる「やる気」を生み出してくれるのだと実感しています。そのため、子どもが電卓や電話機をドライバーで分解するのも、ある意味では自然な反応です。むしろ「なぜそれが動くのか」を徹底的に知りたいと思うことは、学習者が主体的に探究を深めるための第一歩でしょう。

ただし、分解したものを元通りに組み立てるとなると、実は分解より難しい局面もあります。モーターの配線や電子回路などは構造が比較的単純な場合もありますが、昔のクラシック・カメラのように精巧な機械式構造を持つものは、専用の器具がなければ修復が困難です。それでも、「なぜこういう仕組みになっているのか」「どうすれば再び動く状態になるのか」を考え続けること自体が、好奇心をさらに深める行為といえます。セイモア・パパート（Papert, 1980）[*7]は、子どもがコンピュータやロボットをいじりながらトライ＆エラーを繰り返す〝構築主義（constructionism）〟の重要性を説きましたが、実際に手を動かしながら発見する作業は、まさにこの構築主義的アプローチの一例ともいえるでしょう。

子どもの〝小さな冒険〟のために親ができること

こうしたトライ＆エラーは、当然ながら火傷や感電といった危険を伴う場合もあります。私自身、小学校の工作室にあったはんだごてでしょっちゅう手を焼き、火傷を負いました。大人からすればヒヤヒヤものですが、失敗や痛みを避けて通れないからこそ、子どもは自分なりの安全策や手順を学んでいく。これこそが「遊ぶ力」の本質であり、人間が環境に働きかけるときに獲得する感覚的・身体的な知識（暗黙知・tacit knowledge）だと思います（Polanyi, 1966）[*8]。要するに、座学や暗記だけでは

*7 Seymour Papert. "Mindstorms: children, computers, and powerful ideas". Basic Books, Inc., 1980. https://dl.acm.org/doi/book/10.5555/1095592

*8 Polanyi, M. "The Tacit Dimension". Routledge & Kegan Paul, 1966.

得られない実践的な理解が、こうした〝小さな冒険〟の中に詰まっているわけです。

もちろん、すべての家庭や学校が無制限に「分解していいよ」「危ない実験もやっていいよ」と推奨できるわけではありません。安全性や費用の問題もあり、道具の使い方を指導する大人の責任は重い。ただ、その際にも留意すべきは、大人が先回りして「これはダメ」「危ないから触らないで」と子どもの興味を封じこめるのではなく、むしろ「どうやったら安全に試せるか」「何が面白いのか」を一緒に考える姿勢を見せることではないでしょうか。子どもの好奇心に寄り添い、可能な限り自主的に動く余地を残してあげると、結果的に「やる気」や「学びの深まり」が自然と育まれると私は考えています。

〝不思議がる視点〟を育てよう

実際、多くの革新的な発見や技術は「どうしてこうなっているんだろう?」という幼い頃の疑問から始まっているケースが少なくありません。たとえばマサチューセッツ工科大学（MIT）のメディアラボが目指す学際的研究の多くも、実は「こんなものがあったら面白いんじゃないか」「どうやってつくるんだろう」といった好奇心主導型のアプローチから発展したものが多い。その裏には、幼少期に思い切り遊んだ経験、あるいは自分で壊して直すプロセスを繰り返してきた記憶が活かされている場合があると私は思います。

結局、やる気が起きないというのは、多くの場合「自分の興味と学ばされる対象が結びつかないから」だといえます。寺田寅彦が言うところの〝自然の不思議への憧憬〟がなければ、教育はただの暗記や作業になってしまい、そこに主体的な学びは生まれにくい。だからこそ、保護者や教育者は「遊ぶ力」「不思議がる力」を疎外しないように配慮してほしい。子どもが分解して失敗するリスクはあれど、それによって得られる学びや発見は極めて大きいのです。私も数多くの失敗を経験しながら、遊ぶ過程そのものが学習だと再認識してきました。

さらにいえば、今の時代はAIやデジタル技術の発展で、探索や試行錯誤がより一層加速できる環境が整いつつあります。とはいえ、ＡＩに任せればすべてが簡単になるわけではなく、最後の「なんでだろう?」「ここが面白い!」と感じる心の動きは、あくまで人間自身の感性に基づくものです。だからこそ、子どもの頃から「不思議だな」「分解したい」「自分で直してみたい」という原初的な欲求を絶やさないことが大切なのだと思います。大人が積極的にそれを認めて支援することが、将来的に大きな創造力や探究心を育てる土台になるでしょう。

要するに、「やる気が出ない」というのは単に「学習意欲が低い」わけではなく、そもそも〝何が不思議か〟という視点が与えられていない可能性が高い。それを補うには、まず大人が寺田寅彦の言うように、「教育者自身が不思議を体験している」ことが重要であり、その姿勢を子どもに見せる。さらに、子どもが自分で手を動かして試してみる空間を用意し、失敗を恐れずチャレンジできるよう励ます。こうしたプロセスを通じてこそ、本物の「やる気」や「学習意欲」は自然に生まれてくるのだと、私は確信しています。

第3章

自主性と考える力を育てる

「うまくいかないね」か
「できるよ！」か？

Q. こんなとき、なんて言う？
鉄棒がなかなかなかできない
子どもに

A 鉄棒、苦手だよね

B あなたならできるよ！

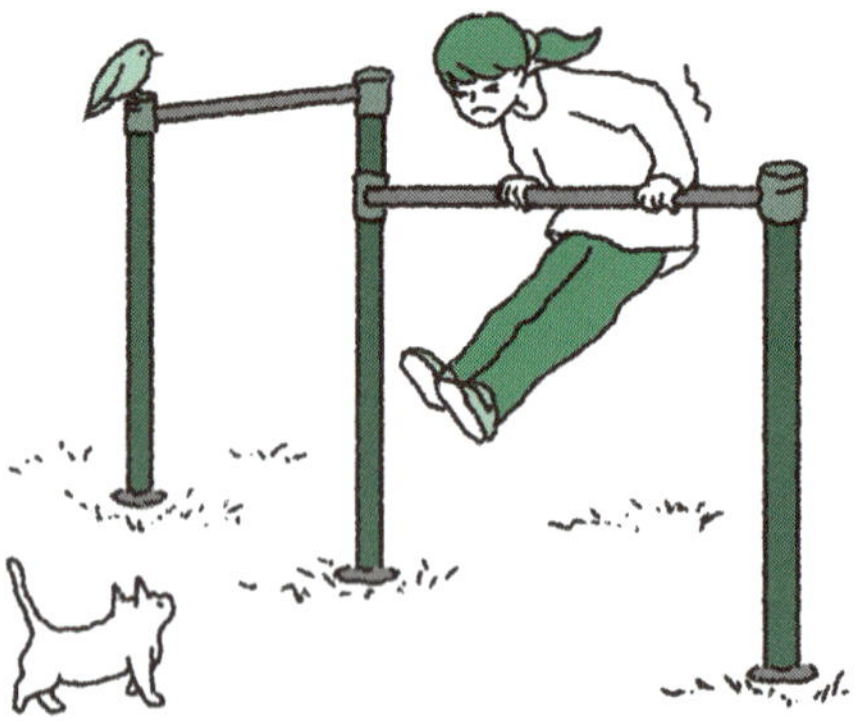

科学的子育てのヒント

うまくいかないとき、やる気の出る声がけは？

子どもはほめて伸びるといわれます。

親にほめられることで自信がついて、やる気が出てくるのです。新しい言葉を覚えたり、ドリルが満点だったりしたら、しっかりほめてあげることで、次もちゃんとやろうと子どもは思います。

そのときに大事なのは、親が本気でほめることと、何かに挑戦してできたときにしっかりほめることです。

ほめることが、子どものやる気や自信につながることは、様々な研究からわかっています。[*1]

*1 青木直子「ほめることに関する心理学的研究の概観」名古屋大学大学院教育発達科学研究科紀要（2005年）https://nagoya.repo.nii.ac.jp/records/7720

では、どんなほめ方がよいのでしょうか？
様々な研究がありますが、教師向けの代表的なよいほめ方の例として、

・その場でほめる
・何がよかったのかを明確にしてほめる
・注目すべき努力をほめる

といったことが効果的だといわれています。[*2]

一方、うまくいかなかったときはどのような声がけがよいでしょうか？
幼児を対象としたある研究[*3]では、子どもたちに3つのパズルを解かせて、最後に「もう一度、パズルをするとしたらどのパズルをやりたいか」を聞いたところ、うまくいかなかったときに「頑張ったね」というポジティブなフィードバックをされている子どもたちは、うまくいかなかったパズルに再度挑戦しようとする傾向が見られたそうです。

また、叱られたときのフィードバックとしては、「どうしてできないの」と言われ

るよりも、「**次は頑張ろうね**」という声がけがあった子どものほうが安心感が高く、成人になったときの自己決定度（自分の力で決定できるという感覚）も高いという研究があります。[*4] 逆に「どうしてできないの」と言ったり、罰を与えたりすることは不安感を増し、よい結果を生まなかったそうです。

＊2 青木直子「ほめることに関する心理学的研究の概観」名古屋大学大学院教育発達科学研究科紀要（２００５年）https://nagoya.repo.nii.ac.jp/records/7720
＊3 青木直子「ほめることに関する心理学的研究の概観」名古屋大学大学院教育発達科学研究科紀要（２００５年）https://nagoya.repo.nii.ac.jp/records/7720
＊4 西村和雄、八木匡「褒め方、叱り方が子どもの将来に与える影響―日本における実証研究」経済産業研究所（２０２２年10月）https://www.rieti.go.jp/jp/publications/dp/22j037.pdf

我が家の場合

「天才ね」は子どもを伸ばす魔法の言葉

私や家族は陽一が何かをやりとげると、「本当に天才ね」と言ってほめてあげました。

ほめることで、学習習慣もつけられるように思います。

陽一は幼稚園入園前にひらがなを覚え、動物の名前を読み書きできました。幼稚園に入園したときには掛け算ができました。

これは公文に通っていたことが大きいと思います。公文はその子どもの進捗に合わせて教材を用意して、できたら必ずほめるというやり方で子どもに学習する習慣をつけます。単にほめるだけでなく、「全国で〇〇番だった」というように、比較対象を言いながらほめると陽一は一層燃えて励んでいました。

せっかく学習していても、間違いがあると親はつい「ここが間違っている」という指摘ばかりしてしまいがちですが、小さい頃は、学習習慣をつけることが大事です。まずは、学習していたらほめる、答えが合っていたらもっとほめる、ということでよいのではないでしょうか。

できなくても「できる！」と励まし続ける

「できないこと」については、「**あなたにはできる**」と言って、励ましていました。

陽一は低出生体重児で生まれたため、身長はいつもクラスで一番小さく運動神経があまりよくなく、幼稚園のとき、鉄棒の逆上がりができませんでした。前にも書きましたが、運動会のときに逆上がりを披露することになっていたのですが、何度練習しても何度も何度も練習している陽一に「あなたにはできる」と励まし続けました。しかし、練習では成功することはありませんでした。

そして迎えた運動会当日、なんと逆上がりがかろうじてできたのです。

家族で「できるよ」と最後まで言い続けたので、途中で諦めず「きっと自分にもできる」と思えたのでしょう。

「あなたは〇〇が苦手ね」と声をかけると、それが暗示になるのか、子どもは「自分は苦手なんだ」と感じて、本当にそれが苦手になってしまうといわれます。それでは親が子どもの可能性を狭めることにもなりかねません。

運動会の日は「本番に強いね。すごいね。逆上がりできたじゃない」と精一杯ほめました。「頑張ればできる」という体験になれば、子どもにとっても貴重な機会になるのではないかと思います。できないことを一つひとつ克服していくことで、苦手意識が減っていきます。小さな成功の積み重ねが自信につながっていくのだと思います。

子どもに「あなたにはできる」と言い続ければ、できる子どもになります。「あなたにはできる」と言って、子どもができることを伸ばしてあげる。それを心がけて、常に言い続けてきました。

Q.

「みんな持っているからゲームがほしい！」とねだられたら？

A ダメと頭ごなしに叱る

B 「なぜほしいのか教えて」と聞いてみる

C 何も言わずに買い与える

「みんな持ってるよ」にどう対応するか

その集団の中で流行についていけないと、周囲になじめなくなり、仲間外れにつながることもあります。だから子どもは、学校で流行っているものをほしがります。

でも、子どもの「みんな持っている」の「みんな」は、「みんな」でないことも多いようです。子どもにとっては、仲の良い友達の3人くらいが持っていれば「みんな持っている」と思いがちです。[*5]

だからといって「みんなが持っているわけないでしょう。嘘をつかないで」と言われると、「嘘」をついたつもりのない子どもは戸惑うかもしれません。したがって、「みんなが持っているかどうか」で、「買うかどうか」を決めないほうがよいそうです。

＊5 三宮真智子「『みんな持ってるよ』はウソ?」Happy-Note 冬号（2016年）https://www.happy-note.com/psychology/049-65.html

我が家の場合

「みんながやっているから自分も……」はおかしくない？

子どもにとって学校は社会です。

陽一が小学校2年生のときのこと。当時スーパーファミコンが大流行していましたが、私は買ってあげませんでした。ゲームをやっていると時間があっという間にたってしまい、他のことができなくなるのではないかと思ったのです。それに子どもの遊びは流行りすたりのスピードが速く、早晩飽きてしまうのではないかと思いました。また、テレビゲームは他人がつくったもので遊ぶだけなので、自分で何も考えなくなるのではないかという懸念もありました。

そこで陽一は友達の家に行ってゲームをやっていたようです。息子は私が買ってくれないことに文句を言っていたので、なぜほしいのかと聞いたことがあります。

「みんながやってるから」

「みんながやっているから自分もやらなくちゃいけないっていうのは、おかしくないかな」

反論しましたが、陽一は不服そうでした。

子どものゲーム依存症が問題になっています。私がゲームを禁止できたのは、発売されたばかりだったからで、ここまで浸透してしまったものを「やるな！」というのは、難しいと思います。時間を決めるなど親と子どもでルールをつくることが大切です。ゲームを始めると時間はいくらあっても足りません。学ぶべき大切な時間をゲームに使ってしまうのはもったいないと思います。

ほしいものは説得して手に入れる

ところがしばらくすると陽一は、ゲームに飽きたのか友達の家でゲームに興じることがなくなりました。ゲームに代わって陽一にはほしいものが出てきました。OSのウィンドウズ95が搭載されたパーソナルコンピュータです。ものすごく値段が高く、確か当時の金額で47万～48万円はしたはずです。

私や夫に頼んでも絶対に買ってもらえないと思った陽一は、私の父、つまり祖父に頼んだのです。

「おじいちゃん、お願いがあります。僕はテレビゲームには興味がありません。でも、このパーソナルコンピュータが1台あれば、僕はなんでもできます。ゲームや通信だけでなく、いろんなことができます。だからおじいちゃん、買ってほしいのです」

なぜほしいのか、その理由をなんとか祖父に伝えようとしたようです。突然そんな話をするので、私は驚いて、間に入ろうとしましたが、祖父がまずは陽一の話をよく聞こうと言いました。

「僕はちゃんと説明します。これからコンピュータの時代になります。通信だって電話ではなく、このコンピュータからできるようになるし、ゲームをやって遊ぶのではなく、僕がもっと面白いゲームをつくることもできます」

おそらくはテレビか何かで見たことなのでしょうが、陽一なりに理解して必死に説明していました。じっと聞いていた祖父は、

「50万円で陽一君の将来に役立つものが買えるなら、おじいちゃんは君のためにいくらでも投資してあげるよ。その代わり、途中で飽きたり、使わなくなったりしてはダ

メだよ」

と言うと、すぐに陽一を連れて家電ショップに出かけました。

まだ陽一が小学2年のときです。

陽一の作戦は大成功でした。もしかしたら今の陽一があるのは、祖父の投資のおかげかもしれません。何しろ陽一の特技はコンピュータですから。

届いたばかりのパソコンを前に、陽一はマニュアルを見ながらいろいろと試していました。マニュアルには難しい漢字がいっぱい書かれていましたが、それを辞書で引いて自分なりに理解して、それでもわからないときは何度もマニュアルを読み直し、自分で理解できるよう頑張っていました。親に読んで説明してもらうということはありませんでした。親に言ってもわからないだろうということを理解していたのかもしれませんし、父親から「ほらみろ！　わかりもしないものを買って、無駄だった」と言われるのが、嫌だったのかもしれません。

親にとってはまったくわからない箱でしたが、陽一にとってパソコンはなんでもできるびっくり箱のようなものでした。

試行錯誤を繰り返しながら、ついに一人で簡単なプログラムまでつくれるようになりました。パソコンの使い方や可能性がわかったので、面白いと思ったのだと思います。また、なんでもできるところが陽一にとっては魅力だったのでしょう。最終的にパソコンを自分のものにしていったのです。

自分のほしいものを手に入れるために、祖父にプレゼンテーションした結果です。

今は、小学校から「プレゼンテーション」の要素のある授業が増えているようです。

教育ライターの加藤紀子さんは、『子育てベスト100』（ダイヤモンド社）[*6]の中で、家庭でプレゼン力を鍛える方法として、次のようなことを挙げていました。

- **食事をしながら子どもと対話をする／しっかり声を出す癖をつける／目を見て話す／「語彙力」を高める／「型」を使う**

自分の考えや気持ちを伝えることは、社会で生きていく上でも大事なことです。家庭でも意識しておくとよいかもしれません。

＊6 加藤紀子『子育てベスト100』ダイヤモンド社（2020年）

落合陽一

学校以外の学びで役立ったのは、コンピュータと速読

私が子どもの頃に身につけて、今の基盤になっているのは、やはりコンピュータに触れた経験だと思います。8歳のとき、当時話題になっていたOS（ウィンドウズ95）が入ったパソコンを祖父に買ってもらい、誰も使い方を知らない状態から一人でセットアップして、プロバイダ契約まで取りつけました。性能としては現代のマシンに遠く及びませんが、CGを描いたり掲示板を自作したりして遊び倒していました。

当時は本当にインターネットの黎明期で、海外のサイトを覗くにしても一枚の画像を表示するのに時間がかかります。でも、そのもどかしささえ含めて「自分で手を動かせば世界が広がる」という感覚を子どもの頃から体験できたのは、非常に大きかったと思います。

もう少し身近な話でいえば、幼少期からの読書習慣や高校時代に身につけた速読も、私にとっては役に立ちました。早いうちに本を読む「クセ」がついたおかげで、小学校低学年の頃には自分で選んだ本を次々に読み漁っていた記憶があります。たとえば『フォレスト・ガンプ』や『ギリシャ神話』、乙武洋匡さんの『五体不満足』などはまだ鮮明に内容を思い出せるし、映画を観て気に入った作品を本でもう一度味わうということもやっていました。

高校になってからは速読のトレーニングを受けて、今では1冊1時間程度で読破できます。大学時代に岩波文庫を年間100冊読んだときも、速読力を活用して膨大な量のテキストを短期間で吸収しました。これは研究者として多くの論文をチェックするときも重宝しています。さらに、テレビ収録などで対談相手の著作を予習するときにも、楽屋で30分ほどかけてざっと目を通しておけば、ディスカッションの要点はつかめます。

「やってみたら面白いかも」から学びが始まる

もう一つ、大学生時代に身につけたのが「美術館や展示の配置を丸ごと記憶する」という訓練です。アートの鑑賞が好きで、展覧会に足を運んでは作品の配置図を頭の中に叩き込み、鑑賞後にノートに再現します。そうやって意識的に情報を構造化した結果、気づけば展覧会のレイアウトや作品名がほぼ全部記憶に残るようになりました。

たとえば先日、本阿弥光悦の展覧会を観に行ったときも、硯の並びや刀剣の位置、横に展示されている書や像といったレイアウトを、後から再現して頭の中で確認していました。アーティストと話すときや、自分自身の作品展示を考えるときも、この記憶法がかなり活きます。要するに、興味を持った分野ならば「自分でルールを設計して」「自分なりの訓練を積んで」身につける、というアプローチを重視しているのです。

ここで注目したいのは、これらの能力を身につけるプロセスが、ほとんど「学校外での学び」だったということです。研究や論文を読む上で参考になる心理学的・教育学的な研究でも、「自分から動機づけをもって学ぶ場合のほうが、粘り強さや創造性の向上の伸びが大きい」（Deci & Ryan, 2000）[*7]という指摘があります。また、学習者自身が目的を設計し、トライ&エラーを楽しむような状況ほど、内発的動機が高まり、探究心と自己効力感が高まりやすい（Pink, 2009）[*8]といわれます。私がコンピュータや速読、美術館の記憶法を身につけたのも、学校で課題として与えられたからではなく、「自分でやると面白い」「やってみたら何かが拓けるかもしれない」という気持ちが先にあったからです。

AIが進化する中で必要な学び方とは

さらにいえば、今の社会は人間同士のコミュニケーションが大事だとよくいわれるけれど、必ずしもそれが唯一の正解とは限らないと私は思います。AIの進化で、人

＊7 Deci, E. L., & Ryan, R. M. "The 'what' and 'why' of goal pursuits: Human needs and the self-determination of behavior". Psychological Inquiry, 2000. https://psycnet.apa.org/record/2001-03012-001
＊8 Daniel H. Pink. "Drive: The Surprising Truth About What Motivates Us". Riverhead Hardcover, 2009.

間以外の知性やエージェントが現実に入り込んでくる中、人間同士でワイワイやらなくても、自分一人あるいは機械とのインタラクションによってガリガリと学習を進めていくスタイルが、これからの標準になっていく可能性もあるでしょう。実際、私が子どもの頃にパソコンを導入したのも、周囲に詳しい人がいたわけではなく、仕方なく自己流でやってみたのが結果的に功を奏しました。「他人からあれこれ言われる前に、まず自分でやってみる」「古い世代が常識とする方法を疑ってかかる」という姿勢が、新しい技術や考え方に触れる際にはとても大事だと感じています。

そういう観点で見ると、親や教師が「読書はこうあるべき」「速読はこうやって訓練しなさい」と細かく指示を出したり、「ネットの情報なんて信用できないからやめなさい」と頭ごなしに制限をかけたりするのは、むしろ子どもが自発的に学ぶチャンスを奪ってしまうリスクが高いと思います。

もちろん最低限のリテラシー教育は必要だけれど、テクノロジーがこれだけ身近になった時代に、年長者の常識がそのまま通用するとも思えません。むしろ私は、「自分で新しいものを探しに行く姿勢」が身につくほうが、将来的にどんな環境でも適応できる力になると確信しています。

しかも、これからの知的生態系はＡＩをはじめとした非人間的主体も加わって、かつてないほど複雑になる可能性があります。人間のコミュニケーションスキルだけを磨いていても太刀打ちできなくなるかもしれません。

私自身、速読や美術館の記憶術を身につけたのは、高校や大学の授業とは関係なく「なんとなくやってみたら面白そう」という直感から始まっています。周りに同じことをしている人がいないので、独力で試行錯誤を重ねながら、自分なりの方法論を組み立ててました。おかげで、その後研究室に入り、多数の論文をスピーディーに読みつつ、アート関連のプロジェクトを並行させるといったマルチタスクが可能になりました。つまり、自分で癖づけを行ない、それを継続することで成立する学び方は、学校教育や親世代のいう「常識」とは別のところで大きな成果につながる可能性があるということだと考えています。

学校外で自分から始めた学びは一生活きる

もちろん、こうした自己主導の学びを促す仕組みを学校や社会が提供できるなら理想的ですが、実際にはまだまだ「答えのある問題を解く教育」が主流のままです。しかし、教育や学習に関する研究でも、探究型の学びや問題解決型アプローチの有効性は繰り返し示唆されています（Hmelo-Silver, 2004）[*9]。

実際、私の体験からいえば、自分でテーマを設定して調べたり、プロトタイプをつくってみたりするプロセスこそが、新しい発想や技術を習得する上で一番身になります。だからこそ、コンピュータにしろ速読にしろ、美術館の記憶法にしろ、「学校外で自分ルールをつくって学んだ」という点が私を支えていると思っています。振り返ってみると、親世代はもちろん大事だけれど、その世代が持つ常識に縛られず、自分なりに「もっと新しいやり方」を試していく姿勢が重要だといえるでしょう。

今後、AIがさらに進化し、人と機械の協働がより当たり前になるにつれ、「他人とコミュニケーションする能力」に加えて、「機械や非人間的主体とやりとりしながら自分で学ぶ力」が求められるようになるかもしれません。実際、私が幼少期にPCのセットアップやインターネット回線の契約を一人でやったのは、単に「誰も教えてくれなかったから」だし、「だったら自分でやるしかない」という発想があったからにすぎません。それが回り回って現在の研究生活や仕事効率を支えるベースになっているのは、今振り返っても面白い現象だと思います。

要するに、子どもの頃に培った習慣――コンピュータで遊ぶこと、読書や速読、美術館の記憶術といった自己流の学習法は、いずれも「自分なりの方法」を見つけたからこそ機能しているのです。ここには「他人に強制される学び」ではなく、「自分で試行錯誤して身につける学び」の可能性が色濃く表れています。しかも、それが単なる学校のテストや偏差値の上昇には直結しない分、逆にのびのびと自分のペースで深められる利点がありました。

＊9 Cindy E. Hmelo-Silver. "Problem-Based Learning: What and How Do Students Learn?". Springer, 2004. https://link.springer.com/article/10.1023/B:EDPR.0000034022.16470.f3

今後の時代を考えてみても、人間がいなければ成り立たない場面はもちろん大切だが、人間を介さずともAIや他のメディアを通じて学ぶほうが効率がいい領域も増えていくでしょう。だからこそ、私としては「学校や親世代が言うことを参考にしつつも、自分で興味を持った分野に飛び込んでみる」というスタンスをぜひおすすめしたいし、それが未来の不確実性に備える上で、意外に一番の近道になるんじゃないかと思っています。

第4章

英語・グローバル教育とどう付き合うか？

留学か国内か？

Q. 英語教育、いつから始める？

A 小さいときからやったほうがよい

B 興味を持ったときでいい

科学的子育てのヒント

英語は、早いうちでないと本当に身につかないか

日本全国どこでも外国人を見かける機会が増えています。訪日外国人の日本に対する評価はとてもよいのですが、困った点については「言葉が通じない」「英語を使える人が少ない」を挙げています。

日本でも小学校から英語の授業が設定され、国内でもグローバル化が進む中で英語を身につけさせなければと内心焦りを感じている親御さんも多いのではないでしょうか。

そうした中、早めに英語を勉強しても忘れちゃうと言う人もいる一方、幼児期から教材を使って学んだり、なかにはインターナショナルスクールに通わせて、英語漬けにすればいいと入学させる方もいるようです。

さて子どもと英語の問題、どうしたらいいでしょうか?

「英語は早いうちでないと、身につかない」という方もいます。

これは一般に「臨界期仮説」といわれるもので、母語の習得に臨界期があることから、「第二言語にも臨界期があるのではないか」と専門家が様々な研究をしているものです。

しかし、第二言語においては、その存在に懐疑的な研究者もいるようです。

早期教育に関するシンポジウムで、[*1] ＩＰＵ・環太平洋大学の内田伸子先生は、次のような話をしています。幼児期に英会話教室に通塾した子ども、英語圏に滞在した帰国子女、幼児期に英語を学ばなかった子どものグループに分けて、英語の学力テストを受けさせて、家庭の所得・親の学歴・蔵書数などの要因を釣り合わせて調査したところ、中学での英語の学力テストの成績に差異はなかったそうです（家での学習習慣がなければ、成績は上がらないということでした）。

また、カナダに移住した日本人家族の子どもたちを追跡して調査した研究[*2]では、1年半もすれば現地で生活できる英会話力は身につくものの、学校の授業で必要な学習言語力は、現地並みになるのに平均8年半かかったそうです。

さらに、この学習言語力が身につくのに必要な期間は、いつカナダに渡ったかによっても差が出ました。

その調査によると、

- 母語でも英語でも読み書きを習わず幼児期に移住した子どもは、平均11年半
- 日本で小3まで学んだ子どもは、1年半
- 中学からカナダに移住した子どもは、1年8か月

という結果でした。

母国語で培った抽象的な思考や、文章構造や文章の流れをつかむ「メタ言語能力」と呼ばれるものは、第二外国語を身につけるときにも役立つといわれます。

＊1 繁桝算男、内田伸子、酒井邦嘉、中室牧子「早期教育の光と影」日本教育心理学会 第61回総会発表論文集（2019年）https://www.jstage.jst.go.jp/article/pamjaep/61/0/61_6/_artic e/-char/ja/
＊2 繁桝算男、内田伸子、酒井邦嘉、中室牧子「早期教育の光と影」日本教育心理学会 第61回総会発表論文集（2019年）https://www.jstage.jst.go.jp/article/pamjaep/61/0/61_6/_artic e/-char/ja/

こう見ると、早期の語学教育を始めさえすればよい、ということでもないようにも思います。

我が家や、私の周囲にいる「グローバル環境」での子育てを実践した方の話を交えて、この章では考えていきたいと思います。

我が家の場合

インターナショナルスクールに行くべきか否か

都心にいると、ビルの2階や3階に「○○インターナショナルスクール」と書かれている看板をよく見かけるようになりました。派手な色で動物などのキャラクターが描かれているワンボックスカーは、ほとんどがインターナショナルスクールの送迎バスといっても言いすぎではありません。これらの新設されたインターナショナルスクールはいわゆるPreschool（プリスクール）が多く、義務教育前の子どもを対象としたものです。

外国人の社員がいる会社も増えていますし、英語ができないとこれからの社会で活躍できないのではと考えて、インターナショナルスクールに入れることを考えている親御さんもいらっしゃるかもしれません。

陽一が3歳のとき、St. Mary's International School（セントメリーズ・インターナショナルスクール）のプリスクールに入学させるためのサマースクールに通わせることにしました。セントメリーズは、１９５４年に開校した、伝統あるカトリック系のインターナショナルスクールです。親友のアグネスの息子さんがこのセントメリーズに通っていて、とてもよい環境であり、当時の校長先生である神父様たちも素晴らしい方と説明を聞いていたからです。そこで何度か学校の運動会やバザーなどのお知らせをいただき、早速見学に行くと、確かに友人の言うように、子どもを通わせたいと思うような学校でした。

その後、アグネスの紹介で入学が許可されました。

毎朝、小さな陽一と手をつないで近所のスクールバスが迎えに来る所定位置まで歩いて、バスの運転手の方に「よろしくお願いします」と頼み、息子を一人でバスに乗せ、「行ってらっしゃい」と手を振っていた頃を思い出します。

嬉しそうにバスに乗って通っていたと私は信じておりました。

「セントメリーズはどうだった？」と聞くと、陽一は「わからない」と答えます。

「英語がわからないのよね？」と尋ねると、うなずきます。

私は「でも、そのうち慣れるからね」と話しておりました。

幼少期にインターナショナルスクールに通う意味

2週間ほど経ったある日、セントメリーズの先生からお電話がかかってきたので、翌日すぐに会いに出かけました。

「お母さん、ヨーイチを連れてあなた方家族はいつアメリカに引っ越しするのですか？」

「そんな予定は今のところありません」

「それでは、なぜインターナショナルスクールに入れているのですか？」

「将来英語がわかったほうが本人にとって有利になると考えているからです」

「それは間違いです。まずお母さん一つ理解してください。ヨーイチはこのスクールに着くとすぐに泣き出し、帰るまで泣いている。彼は今では英語は嫌いと言っています」

「本当ですか？　そのようなことは一度も私には話しておりません」

「お母さん、彼はまだ3歳です。幼児にあまりにも早くから一度に2か国語を覚えさせるのはよくありません。その子どもは語学を覚えることで頭がいっぱいになり、こちらの学校にいるとただ英語だけがわかる人間にしかなれません。つまり英語と日本語ではなく、英語なら英語だけです。こちらでは日本語の授業はありません。それでよろしいのですか？」

私はただただびっくりしました。

さらに教師は続けました。

「ヨーイチ君は、将来どうするつもりですか？　これから先、日本で過ごさせるのか、海外で過ごすのか」

と詰問されましたが、応えられませんでした。

「ヨーイチは賢い子どもだと思います。そうであれば**普段使っている母国語、つまり日本語をしっかりと理解し、得意分野の勉強をさせてあげるのが、親から与えられる最良の教育ではありませんか？**　英語を覚えることはいつでもできます。でもこの幼児の期間に2か国語を覚えさせることは本人の頭脳にとって決してよいことではありません」

と説明されました。

「でも、主人も私も英語は話せます。それでも日本語だけ今は習ったほうがよいとおっしゃるのですか？」

「はい、そうです。あなた方ご夫妻はこれからずうっと毎日365日、ヨーイチがハイスクールに入る頃まで英語だけ話して生活をすることができますか？」

「今両親と一緒におります。彼らは日本語しか話せません」

「当然でしょう。日本人はまず日本語をしっかりと覚えないと、日本人としてのアイデンティティも失ってしまいますよ」

私の考えの間違いを指摘されたのです。さすがローレンス神父はしっかりと私を諭してくださいました。私はこれがクリスチャンの教え、神の教えと理解しました。息子をダメにしてしまう前に、神様が私のようなダメな母親に考えを改めるようにお教えくださったのでしょう。

将来に向けた子どもの教育のために、海外に移住する覚悟のある親が何人いるでしょうか。それくらいの覚悟がないと、子どもをインターナショナルスクールには入れられないのだと思います。

その子どものアイデンティティは、言葉によって確立します。母国語をしっかり身につけることで、母語での思考力を身につけ、文化を理解し、さらに深い思考が可能となるのだと思います。

インターナショナルスクールで、英語（といってもカジュアルな英会話）が身についても、子どもの将来にとっては、ただそれだけのことです。インターナショナルスクールへの入学を考えている親御さんは、子どもにとって今すべき最良の教育は何かを考えてほしいと思います。

ベースになる「母国語」が身につかなければ、意味がない

私は、日本人が幼児期からインターナショナルスクールで学ぶことには弊害も多いと感じています。というのも、私にはインターナショナルスクール出身の友達がたくさんいるのですが、どの言語も中途半端なため、勉強も中途半端になっているように思えてならないのです。

母親が日本人で父親が外国人で、家では日本語も英語も日常的に使うというのであ

れば、言葉の持つ文化やニュアンスなどを包括的に理解できるようになるため問題はありません。どちらの言語もしっかりと身につくし、どちらの言語でも物事を考えることができるようになるでしょう。

しかし、会話ができる程度でよいと考えているならば、子どものうちに2か国語を覚えさせることには弊害もあると思います。

その例として、私の知人の話をしたいと思います。

彼女は中国系ですが、出身地は上海であったため両親は上海語を話します。しかし彼女の幼い頃に家族で香港に引っ越ししたため幼少期は広東語で会話をしていたようです。日本に移住してからは、インターナショナルスクールの一つである、アメリカンスクール・イン・ジャパン（ASIJ）に高校まで通学し、大学は上智大学国際部（当時は夜間部のみ）に行きました。

彼女の弟たちは優秀で、すぐ下の弟はMIT卒業後日本で歯医者に、その下の弟はボストン大学出身で親の飲食業を継いでいます。

彼女と弟たちには、言語の上でも違いがあります。
この2人の弟たちは、小さいときに日本語を学び、その後英語もしっかり学んだので日本語も英語も正確に流暢に使えています。つまり、ベースとなる言語である日本語を学んでから英語を学ぶ、というような順番で身につけたのです。

ところが私の友人は、来日したときには小学校高学年になっていたので、日本語も英語も中途半端に学ぶことになり、今でも言葉があやふやなのです。小さいときに使っていた広東語もちょっと話せる、日本語もなんとかいける、英語もまあまあ話せる、という中途半端な状況で育ってしまったということも影響しているかもしれません。

確かに彼女は、インターナショナルスクールで友達とのおしゃべりができる程度の英語は身についたかもしれません。しかし、おしゃべりの延長で英語と日本語が使えるということだけでは、バイリンガルとはいえません。日常会話ができる程度の英語では仕事では使い物にならないように思います。

現在、各地に新設されている株式会社立のインターナショナルスクールの教師たちは、英語を使って会話ができても、すべての教師が教育者の資格を持っているわけではないようです。幼稚園児を対象にしたプリスクールであれば、英語でお遊びしているだけなので問題がないかもしれません。しかし、小学校以上になれば、この時期に必ず学ぶべきカリキュラムがあって、それを正しく子どもに理解させる必要があります。教育論も教育技法も身につけていない人が、英語を使って授業するということだけで、果たして学んだといえるのでしょうか。私は疑問です。

グローバル教育と就職の落とし穴

将来、仕事でも国際的な活躍をしてほしいと、留学を目指す方もいるかもしれません。しかし、実際に就職のことを考えるなら、安易な留学はお勧めできません。

大人になったときに国際的に通用する子どもに育てられるか

私の外資系企業での経験からも、お話ししたいと思います。

私が大学卒業後に就職した外資系の航空会社の日本支社では、当時、インターナショナルスクール出身の方も多かったのですが、彼らが外資系企業の上層部に昇進する例はほとんどありませんでした。むしろ、日本語がメインで育ってきた日本人で、前向きに努力していた人は、よいポジションを得ていました。

そもそも、日本に来る外資系企業は、自社のビジネスを日本に根づかせるために、日本の商習慣や文化などに関する、きめ細かな情報が知りたいと考えています。したがって、英語ができるだけでなく、日本語と日本の文化を理解している社員を重要視するのです。英語ができる程度の社員はクラークとして採用しますが、特にマネージメント候補の人材には、日本の事情に明るい日本人の中から、優秀な人を登用します。ビジネスの展開においては、語学よりもブレインが重要だからです。

結局、英語より必要なものは何なのか？

もちろん英語もできなくてはなりません。

しかし、私の海外での経験からいえるのは、英語を使うために大事なことは、いかに多くの単語（語彙）を知っているかだと思います（ちなみに、これは日本語の学習でも同じです）。

そのため、小学校からインターナショナルスクールに行かなくても、中学生の頃から英語を本気で学び始めれば、かなりの英語力はつきます。その上で大学卒業後に本格的にアメリカやイギリスの大学院に留学する方々は、英語の発音がスムーズではなくとも、豊富なVocabulary（語彙）を持っているので、どんなプレゼンテーションやコミュニケーションをすることになっても、対応することはできるでしょう。

むしろ大事なのは、英語をしゃべれることではなく、その人が話す中身です。

当たり前のことですが、話の中身がちゃらんぽらんでは、相手にばかにされるだけです。これでは、英語ができたことにはならない（これは日本語も同じことですが）。つまり二兎を追うものは一兎をも得ずで、日本語の言葉をきちんと理解していないとまともに会話できないばかりか、情報を得るための新聞さえしっかり理解して読むことができないのです。英語の新聞も読めて、その英語の意味と背景がわかっていないと頭に入ってこないのです。

インターナショナルスクールに通えば、もちろん日常英会話はできるようになります。しかし、それだけ、ともいえます。どれだけネイティブと同じように英語の発音ができ、イントネーションが完璧であっても、中身がなければ意味がありません。

確かに、早期教育をすれば、発音は身につくことが多いです。しかし、日本人が気にするほど、英語圏の人は発音を気にしていないように思います。私たちが海外から来た人の発音を気にしないように、私が知るアメリカ人たちも「外国人なのだから、ネイティブと違うのは当たり前」と思っていることが多いように思います。

それよりも「話す中身」と「Vocabulary」があれば、どんな専門的なことであっても話すことができます。

また、インターナショナルスクールに通っていたとしても、アメリカやイギリスのそれなりの大学に入学を考えているのであれば、かなりの勉強量が要求されます。子どもが英語圏で生きていけるような能力をそれなりに身につけられるよう、家族の協力も必要です。政治経済などのオフィシャルな話題についていけること、ディスカッションの場で自分の意見を述べることができることはとても大切です。そうした素養を持てるような環境を、家庭内につくっていけるとよいと思います。

余談ですが、私自身も高校のときに留学を反対された経緯があり、そしてなんとか自力で海外に出たいと、大学で猛勉強しました。

就職活動が始まり、大学の掲示板に、たった1社でしたがアメリカの航空会社の求人情報を見つけ、試験を受けました。最初の筆記試験は、留学を試みていたときのSATの試験内容にそっくりでしたので、楽しく試験を受けることができました。筆記試験の後、何度も面接のために呼び出されましたが、結果合格。給料が日本の航空会社の2倍以上高いアメリカの航空会社に就職することに決めたのです。

こうして自分の力で海外に出るきっかけをつくることができました。そして私の留学に大賛成だった父とその真逆の母を、何度もアメリカやヨーロッパに連れていくことができました。20代のほとんどがアメリカでの仕事であったので、今振り返ってもよい時期を過ごせたと、感謝しています。

確かにアメリカの大学に行けなかったことは、私の人生ではマイナス部分だと思います。しかしもし行っていたとしても、アメリカの航空会社に入ることができたかどうかはわかりません。

中途半端な留学はやめたほうがいい

最近はお子さんを海外留学させる方も増えてきました。

しかし私は中途半端な留学は本人のためにもよくないと思います。

【考え直したい留学①】

語学を目的とする留学

語学のための長期留学はしないほうがいいと思います。

留学するなら、「なぜ英語を勉強するのか」「英語を身につけて何をしたいのか」という理由が必要だと思います。

私が中学生の頃、アメリカ留学から帰ってきた従兄が、アメリカ人の友人をよく拙宅に連れてきていました。私は勉強したばかりの英語をつなぎながら、彼と話をするのが、すごく楽しみでした。高校生になって通った英会話教室でも、学べば学ぶほど「もっと学びたい」という欲が出て、自分もアメリカに留学して英語を学びたいと思うようになっていました。しかし、きちんとした意志を固める以前に担任にその意向を伝えたところ、怖い教師数名から職員室に呼び出されました。そして、何のためにアメリカ留学を考えているのかと詰問されたのです。

「英語を学ぶのは日本にいてもできるでしょう。なぜわざわざアメリカまで行くのですか？」

「日本で勉強しても、英語の発音はよくならないし、スムーズに話の内容がキャッチできるように、もっと勉強したいのです」

すると教師は「そんなことのためにわざわざアメリカまで行くのですか？ ばかばかしいからおやめなさい」「アメリカ文学や英語自体の研究ならまだしも、話すためだけに海外で学んでも、現地の人のようにはなれません」「英語をもっと学びたい、それは大した目的ではないでしょう」と総攻撃を受けてしまいました。

そのときは、がっかりしましたが、今考えれば、その通りだと思います。中途半端に留学して英語を学んでもネイティブにはなれませんし、のちに私が働くことになる外資系の航空会社に採用されることもなかったでしょう。

本格的に留学するなら、語学以外の理由を持って臨むべきです。

私の周りには大学修了後、イタリア、スペイン、フランス、他に留学し、成功なさっている方がたくさんいらっしゃいます。たとえば、イタリアに留学した方は、英語は得意ではなかったけれど建築を学びたいという希望があり、他の方とは違う趣のイタリアンスタイルの勉強をし、現在は立派な建築家として活躍しています。

【考え直したい留学②】

中学時点での長期留学

今は中学から留学させて寮生活を体験させるという方も増えています。

中学生の時期は、人間の体内ではホルモンが過剰に産生される第二次性徴期という難しい時期にあたります。いわゆる思春期です。

思春期は体も心も不安定なので、親のサポートが必要です。過干渉するのではなく、あなたのことをちゃんと見守っているという信号を発することで、子どもは安心するのです。

私は、中学から親元を離れて留学させることについては反対です。中学になれば確かに背丈も伸び、男子であれば声変わりして急に大人びてきます。しかし、外見に変化が現れたとしても、精神はしっかりと成熟したとはいえないのが思春期です。文化の違いや日本語が通じない環境、周囲に友達も親もおらず、さらに欧米ではアジア人に対する差別も根強くあります。ただでさえ不安を抱えやすい時期に、ストレスの多い環境で果たして集中して勉学に励むことができるでしょうか。ちなみに、女児よりもストレスを抱えやすい男児の場合は、海外で暮らすなら、高校、あるいは大学時代が望ましいと考えている専門家もいます。[*3]

早くから母国語以外の言語を勉強しても、ネイティブにはなれません。それならば、必要だ、使いたいと本人が思ってから勉強するのでも遅くはないと思います。

私も留学するならば高校生、または大学生になってからがよいと思っています。もちろん、社会に出てからでも遅くはないと思います。

【考え直したい留学③】

大学受験に失敗したことが理由の留学

世間では、大学受験に失敗したからといって、海外の大学に留学させてしまおうとする親御さんもいますが、それは勧めません。

受験に落ちるという場合、①勉強が好きではない、もしくは、②緊張体質で試験で本領が発揮できない、というケースがあります。

①の場合、勉強が嫌いな中で、日本よりも厳しい海外の大学でやっていくのは大変ですし、②の場合は、受験失敗でショックを受けているはずです。心理的に不安定な中ですぐに新しい環境に慣れるというのは、本人の負担も大きい場合があります。

また、日本で受験に失敗した留学生を、簡単に受け入れてくれる海外の大学が、教育に対するしっかりした理念と体制が整っている学校といえるかというと、疑問が残ります。海外の大学であっても、ピンからキリまであります。慌てて大学に入学しても、それが本人にとってよい選択になるかはわかりません。

＊3 繁桝算男、内田伸子、酒井邦嘉、中室牧子「早期教育の光と影」準備委員会企画シンポジウム　日本教育心理学会　第61回総会発表論文集（2019年）　https://www.jstage.jst.go.jp/article/pamjaep/61/0/61_6/_article/-char/ja/

私の周りにも何人かそういう例がありますが、親に追いやられるように海外留学した方は、その後の人生にとってあまりいい結果を及ぼしていないようにも思います。大学受験の失敗は嫌なものですが、それを理由に「海外へ」というのは、短絡的すぎるのではないでしょうか。失敗は失敗として受け止め、乗り越えることも人生にとっては大事なことではないかと思うのです。そもそも失敗かどうかは、後になってみないとわかりません。

留学の何に意味を持たせるかは難しい問題です。

中途半端な海外の大学に行って、遊びや薬を覚えて人生を棒に振った子どもたちを何人も知っています。海外の大学で学ぶことがその子にとってどんな意味があるのかを十分に考えて、決めるべきだと思います。本人が行きたいと言った場合であっても、なぜ行きたいのかその理由をしっかり聞いて、親が納得したならば行かせるべきだと思います。

大人になってからでも使える英語は身につく

外資系の航空会社に勤め、その後もアメリカで仕事をしていた自分から見れば、大人になってからでも英語は身につけられると思っています。

その一例として、夫の話をしたいと思います。

夫の落合信彦は国際政治ジャーナリストとして、世界の名だたる政治家や経済人、文化人に単独で英語でインタビューを行ない、それを記事として発表してきました。

たとえばイギリスの故マーガレット・サッチャー首相（当時）もその一人です。彼女は夫の憧れの政治家の一人でした。インタビューではサッチャー首相の考え方があまりにも素晴らしく感銘を受けた、とよく話しておりました。男性、女性の区別なく、彼女の持つ Philosophy（哲学）そのものに共鳴したそうです。また、話す内容も英語の言葉自体の使い方も本当に素晴らしいと申しておりました。

逆に二度と話をしたくないと言っていたのが、若き日のドナルド・トランプ氏です。ニューヨークのトランプタワーでお会いしたようですが、話す内容が、いかに自分が儲けたかしかなく、これ以上話を聞いても記事にするに値しないと夫は判断したようです。同席していた編集者に内容的に無理があると伝え、話を切り上げて帰ってしまったと聞きました。それが原因かどうか、トランプ氏は日本嫌いになったと夫は笑っておりました。

この他にも、ロシアのエリツィン大統領時代のアレクサンドル・ルツコイ副大統領、そして夫が人生で最も影響を受けたアメリカの故ロバート・ケネディ氏や、そのご長男、ジョセフ・P・ケネディ2世。そして、レーサーであった故アイルトン・セナさんや、ミャンマーのアウン・サン・スー・チーさん、そして海外の著名な音楽家まで、様々な分野の世界的な著名人の方にインタビューをしていました。

これらのインタビューはすべて英語で行なわれたのですが、夫は幼児期から英語を学んだこともなければ、インターナショナルスクールに通ったこともありません。何しろ夫の家庭は母1人が働き、兄弟3人を育てていたため超のつく貧乏な家でした。夫も中学を卒業し働きながら夜間高校で学ぶいわゆる苦学生でした。

貧しい生活の中で独学で英語を学ぶ

夫が高校生の頃、1950年代のことです。夫はあまりにも当時の日本に失望し、このまま日本にいても自分の将来は見えないと、アメリカへの憧れを募らせていました。当時のアメリカには〝American Dream〟(アメリカ人の夢・理想)と呼ばれる概念が広がっていました。それは「努力をすれば誰もが平等に、自由に、そして物質的にも繁栄と成功を得るチャンスがアメリカにはある!」というものです。そこで夫は、〝俺はアメリカに必ず行く!〟と、心に決めたと言っていました。

しかし、当時の貧しい生活のために、日中はトラックの運転手の助手として仕事をし、稼いだお金はすべて母親に渡す生活だったそうです。

昼間働くために高校は夜間部です。せっかく名門の両国高校に受かっても、入学したのは夜間部だったのです。そこで夫は独学で英語の勉強をしました。

並行してアメリカの奨学金についてリサーチしました。そして、成績のよい学生に対しては、授業料だけでなく大学在学中の生活費を含めアメリカ滞在中のあらゆる費用を出してもらえる奨学金制度があることを見つけたのです。夫はその試験に合格するために本気で勉強をしたようです。

昼間も、トラックに乗っている間は The Japan Times を読み、FENを聴いていたと話していました。私も高校生のときは留学したくて必死でFENを聴いて The Japan Times も読んでいましたが、夫と大きな差があったのは、「何がなんでもアメリカに留学に行く、それしか将来の夢はない」という強い気持ちです。そうした意欲が英語の勉強力を高めたのではないかと思います。

ここで、夫がやっていた勉強の仕方について、紹介します。

毎日辞書で単語を覚える

夫はまず、Vocabulary（語彙）を増やすために、毎日辞書に書かれている3～5ページ分の単語を必ず覚える、それができないと自分で失格と決めていたそうです。昔は「国語でも英語でも辞書を食べて覚えた」という比喩があったと思いますが、食べるまではいかないにしろ、食べるようにすべての単語を覚えていったようです。

夫信彦は、「生き字引」のように、Vocabulary が豊富でした。

どうしてそんなにたくさんのVocabularyを覚えることができたのか、聞いてみたことがあります。

夫によると、**「英語のVocabularyを増やそうと思えば、日本語の語彙がしっかりとわかっていなければ覚えられるはずがないじゃないか？**　当たり前のことだろう？」と言います。

つまり英語の語彙を増やすには、日本語がしっかり身についていなければ、語学を完全にマスターすることはできないのです。

たとえば「mutually beneficial relationship based on common strategic interests」は戦略的互恵関係と訳しますが、戦略的互恵関係という日本語の意味がわからなければ相手とコミュニケーションをとることができません。日本語の教養や語彙がしっかりと身についていなければ、ビジネスにおいても、インタビューにおいても話が成立しないのです。

少し余談にはなりますが、アメリカ留学中に夫がびっくりしたのは、アメリカ人の大学生でも英語の語彙量が極端に少ないこと。つまり言葉を知らない、英語を知らない学生が極めて多いことだったと言っていました。

おかげで留学中、尊敬する英文学の先生から「君の英語力は優れているので、よかったら家庭教師のアルバイトをしませんか?」と言われ、お小遣いを稼ぐためにアメリカ人の高校生の家庭教師をしていたそうです。英語が母国語であるアメリカ人であっても言葉を知らない、新聞をきちんと読むことができない人がどれほど多いことか。

時々夫が、「おい、ひろみ、アメリカ人よりも君のほうが英字新聞をきちんと読めているぞ」と嬉しいことを言ってくれました。

アメリカ人であってもスペルの間違いが多かったり、それぞれの地方の訛りが強いこともあります。これはアメリカ人に限ったことではありませんが、勉強に対する力の入れ方の問題だと思います。言葉は、話すだけでなく、読めること、書けることが揃ってこそ身についたといえます。アメリカ人のMiddle Class(中流層)の多くの母親は、自分の子どもをきちんとした大学に入れ、弁護士や医者、そして博士に育てようと、英語の読解やライティングも身につくよう、小さい頃から勉強させています。どこでも将来の目標に向かうやる気は大事かもしれません。

映画で覚える

映画も英語を学ぶための教材でした。

夫は休みの日は安い3本立ての映画館に行き、夜遅くまで、何回も同じ映画を観て、アクセントのつけ方や、自分の知らない単語をメモしたりしていたそうです。つまり、英会話の聞き取りの勉強です。ラジオのＦＥＮを聴くのと同じことです。特に女優、俳優の話す英語ほど綺麗な発音はないそうです。

Vocabularyが増えれば増えるほど、英語の映画も翻訳された字幕を見ずにどんどんセリフの意味がわかるようになったと言っていました。

聞き取りがしっかりできないと、留学しても授業が聞けません。「教授は何を話しているのだろう？」という状態で授業に臨んでいては、徐々に学ぶ意欲もなくなります。そうして留学から遊学になって1年も足たずに帰ってくる学生もたくさんいたのを覚えています。本当に簡単ではないのです。

日本にいる外国人と話す機会をつくる

映画館に行って英語がしっかりと聞けるようになったのは、よい方法だと思います。しかしあくまで自己流の勉強法ですし、「話すこと」の練習になっているかというと、これだけでは足りません。そこで、自分から海外の方と話をして、本当に通じる英語をしゃべれるよう努力もしていたようです。そのとき、日比谷公園近くにあった教会でアメリカ人の牧師先生と出会ってから、話すことの重要性をより勉強させてもらった、と言っていました。

このアメリカ人の牧師先生と会話をするために、毎週末教会に通っていたようです。牧師先生は、信じられないほど丁寧に、英会話の相手をしてくれたそうで、いわば「英語で話す練習の強力な応援団長」であったようです。

言葉は民族と文化も超える

夫は必死の勉強で身につけた英語で本当にたくさんの方に会い、議論し、記事として発表しました。イスラエルのビンヤミン・ネタニヤフ首相（当時）とは何度もお会いし、気心の通じる間柄です。『テロリズムとはこう戦え』（ミルトス刊）という本をネタニヤフ首相が書かれたとき、夫は日本語版の監修を行ない1997年に出版しています。世界的な指揮者のヴァレリー・ゲルギエフさん、チェロ奏者のミッシャ・マイスキーさんなどの芸術家にも取材しました。たとえ相手が気難しい相手であっても、丁寧に人生哲学やこだわりについて英語で取材し、最後には「また会いましょう」と言われることもありました。

世界で活躍する方に共通するのは全員英語での会話ができたことです。ゲルギエフさんも、ネタニヤフ首相（当時）も、ミッシャ・マイスキーさんもそしてもちろんアイルトン・セナさんもスー・チーさんも、皆さん英語圏の方ではありません。しかし彼らはいつどのような内容のインタビューを受けても、十分対応できるだけの英語力は持っています。つまり、世界で活躍したいなら、きちんとした英語を使う知識は必要ですが、それにはまず、母国語である日本語のきちんとした知識がベースにないとできないことなのです。

夫が本格的に英語の勉強を始めたのは高校生になってからです。それでも世界の偉人は夫のインタビューに対して、真剣に真摯に答えています。問題は中身なのです。

英語は必要なときに学べば間に合う

陽一は子どもの頃から英語が嫌いで、勉強としての英会話は続きませんでした。

我が家では私も夫も英語をしゃべりますし、日常的に外国人のお客様が家にいらしたり、電話もかかってくるので英語は身近にありました。そのため、どうしても陽一に英語を習わせたくて、プリスクール以外にも様々なことを試しました。

最初は、前述の公文の幼児用特別教室に通わせてみましたが、しゃべるのは苦手だったようです。

英語の絵本は「嫌い」と見向きもしませんでした。その後もいろいろな先生をつけて、英語を学ばせたのですがついに身につきませんでした。

しかし大学生になると、英語の必要性を実感したのでしょう。しっかり勉強してTOEFLで105から115点以上を超える成績となりました（MITやHarvardから必要とされる点数を十分満たす点数でした）。

大学院博士課程のときには、MITから招聘《しょうへい》されたこともありますが、そのときには、しっかりと英語でやりとりができるようになっていました。その少し前には、マイクロソフトリサーチというマイクロソフトの研究所からインターンとして招かれ、3〜4か月、研究室で新しい研究を行ないました。そのときは、渡航費、滞在費、食事代の他に素晴らしい住居、その上高額のフィーまでいただきました。

さらにTED Talksに自ら応募し、代表のクリス・アンダーソンさんからとても気に入られたこともあります。最終コンペの出演前にアンダーソンさんから直接連絡があり、早めに会場に来て特別に英語でのプレゼンテーションの仕方を学ぶようにという配慮までいただきました。結果として、東大教授や有名な建築家を押さえて入賞することができたのです。

これは英語というよりも、母国語での学びの結果だと思います。

世界でも日本でも、**活躍するために必要なのは、語学ではなく、自ら考えて、中身のある話をし、相手や世の中に価値を認めてもらえるようになることです。**

息子の場合は、まず日本語できちんと考えることができるようになり、その上で英語も使えるようにしていった、ということが大きいのではないかと思います。

科学技術の分野で研究者としてやっていくには、いまや英語が欠かせません。研究発表や海外との共同研究など仕事で必要となると、覚えて、しゃべるだけでなく、英語で物事を考えるようになります。

このとき、母語である日本語で考えることが、しっかり身についているので、混乱なく英語でも思考し発言できるようになるのだと思います。

こう考えると、インターナショナルスクールなどに行かなくても、日本の教育課程で英語を身につけることはできますし、英語で国際的に活躍することもできるように思います。

英語は仕事の道具でしかない

いくら英語力が優れているといっても、夫にとっても私にとっても英語はそれぞれの仕事をする上でのただの道具です。夫は英語が目的で勉強をしたのではなく、アメリカでPolitical Science（政治学）を学ぶために最低限必要な道具だったからしっかり学んだのです。私にとっても、航空会社に入るための試験に合格するためだったり、外資系企業で秘書として仕事をするための道具でしかありませんでした。

いまや、息子陽一にとっても、英語は論文を書くため、海外でのスピーチをするため、その他、研究者たちとのコミュニケーションのためのツールでしかないのです。

つまり、まずは、自分が育ってきた環境の言語を学ぶことが最も重要です。

アメリカの方から聞いた話ですが、アメリカに移民をしたら、英語を学ぶことになります。幼少期に、母国語であるスペイン語と英語を一緒に覚えることになると、言葉の違いを覚えることに必死で、意識がそちらに引っ張られてしまい、もともとよい才能を持っていても、伸ばせないことがあると聞いたことがあります。

留学でなくても、親ができること

今までインターナショナルスクールや留学の問題点を挙げてきました。問題点ばかりだと、どのように国際感覚をつけていけばいいのかと思う方もいらっしゃるでしょう。

そんな方のためにいくつかできることを紹介したいと思います。

①文化交流イベントなどに行ってみる

出入国在留管理庁によると、2023年末時点での在留外国人は前の年から約11％増えて、341万992人と過去最高だったとのことです。[*4] さらに観光客もコロナ前の水準に迫る勢いで増えています。

日本の文化に触れたい、日本文化を味わいたいという目的で来日している観光客もたくさんいらっしゃいます。各地で文化交流イベントなども数多く開催されているので、お子さんを連れて参加してみるのもよいと思います。

そこにいるのは、英語を話す外国人だけではありませんが、身振り手振りでもコミュニケーションはとれるので、声をかけてみてはいかがでしょうか。そのためにも、まずは親御さんの外国の人に対する心の壁を低くすることが大切だと思います。

②海外出身のお友達と仲良くなる

学校に海外出身のお友達がいたら、交流を持つのもよいと思います。

陽一が入学した区立小学校は近くに様々な国の大使館や領事館が多かったせいもあり、ロシア大使館、フランス大使館、スウェーデン大使館、アメリカ大使館に勤務する大使館員の子弟が通っていました。

特に同じクラスにいた、ロシア人のI君は、かけがえのない友達でした。I君はロシア大使館員の子どもでしたが、お互いの家を行き来していて、陽一は、あまり日本

＊4 出入国在留管理庁「令和5年末現在における在留外国人数について」（2024年3月22日）https://www.moj.go.jp/isa/publications/press/13_00040.html

人は入ったことがないであろうロシア大使館の住宅にも招かれていました。

同級生の中には、共産圏の国に対するある種の偏見を持つ親もいて、ロシア人の子どもと遊ぶことを制限されていた子どももいました。しかし、私は民族や国家と個人は違うものという考えでしたので、家に遊びに来る子どもに対しては国籍や外見の違いなど関係なく、平等に接していました。

陽一も、相手を差別しなければ、誰とでも友人になれることを体験の中から学べたと思います。残念ながらI君は、2年生の夏に帰国してしまいましたが、I君と1年間濃密に過ごしたおかげで、外見や言葉の違う外国人に対する差別や偏見を持たずに育ったのではないかと思います。

③海外旅行に行く

インターナショナルスクールよりも手軽なこととして、家族で海外旅行に行くのもよいと思います。リゾートでは子ども向けのプログラムを用意しているところがあるので、参加してみてはいかがでしょうか。

落合陽一

英語は必要なときに学べばいい

英語をいつ学ぶかは、正直どちらでもいいと思っています。必要なときに集中して学べば身につくし、逆に子どものうちから英会話スクールに通わせても、それを糸口に世界に目を向けられるなら悪くはないでしょう。

だけど、私の視点から見ると、英語そのものよりも「何を探求しているのか」「どういう切り口で世界と関わるのか」がはるかに重要です。もし研究が面白い段階まで深まっていれば、英語は手段として当然に必要になるし、自然と学ぶことになります。

実際、AIの翻訳がこれほど進化した今、英語力がまったくゼロの状態でも、論文や海外の情報をある程度キャッチアップすることは可能になりつつあります。だからこそ「英語を学びなさい」という押しつけより、「英語が必要になるようなチャレンジをする」ことのほうが大事だと思います。

ブランドのために海外の大学を選ぶのは、あまり賢いやり方とは思えません。もちろん海外での研究や留学は素晴らしい経験になるし、実際に私の研究室からも修士号や博士号を取りに海外へ行く人は多いです。一方で、海外の大学から私のところへ移籍してくる人も普通にいます。世界ランキングで見ればトップクラスの大学なのに、そこを出てわざわざ日本へ来るわけです。

要は、自分が追究したいテーマや研究の環境がどこにあるかが決め手であって、「有名校だから」という理由だけで動いてしまうと、思ったほどの成果が出せない場合もあります。研究は政治的な要素が大きいです。コミュニティが「それは面白い」と評価すれば一気に加速するし、興味を持たれなければ停滞します。つまり、環境やネットワークの選び方が学問の成否を左右するところがあって、英語はそのコミュニティとやりとりするためのツールにすぎません。ネイティブみたいに話せる必要はなく、要点を伝えて議論に参加できれば十分です。

英語よりも必要なのは独自のアイデア

哲学やアート、モノづくりの分野では、必ずしも英語が主言語になるとは限りません。ドイツ語やフランス語、日本語独自の思想が強いフィールドもあるし、そもそも言語を介さない形で作品やプロトタイプを提示して、相手を驚かす方法だっていくらでもあります。その場合、英語の流暢さはそれほど大きな差を生みません。むしろ、最初のインパクトは「何をつくったか」「どんな哲学を内包しているか」に左右されます。プレゼンテーションや論文をまとめる段階になれば英語が必要になるけれど、そこまでの過程で独自のアイデアを育てていなければ、いくら英語がうまくても国際的に認められるのは難しいんじゃないかと思います。

私の研究室では学部生のうちから英語で論文を書くようにしているし、ゼミやミーティングも英語で行なうことが多いのです。国際学会へ行けば英語が前提になるから当然そうするけれど、それはあくまでアウトプットの形式であって、肝心なのは研究そのものの質や新規性です。海外で学位を取るのもいいし、日本国内でしか得られないアドバンテージを活かすのもいい。要は、自分の専門分野やテーマに合った最適解を選べばいいだけの話です。私自身、海外の大学から招かれることがあっても、現状の環境で十分に面白い研究ができているので、無理に移る必要性を感じません。研究室の設備やチームを丸ごと海外に持っていくほうが面倒だし、好きなときに海外の共同研究者を訪ねれば済む話でもあります。

英語そのものは、使わなければ確実にさびます。海外の学会や国際的なプロジェクトに参加する前には、スピーキングやプレゼンを集中的に練習し直したりします。ですが、結局は自分のアウトプットにどれだけの価値があるかが問われる場面が大半です。AIの翻訳機能が発展したおかげで、文献リサーチや国際会議への参加のハードルは下がりました。私も、英語と日本語では読み方のスピードや理解の仕方が違うけれど、自動翻訳を組み合わせれば海外の論文もスムーズにチェックできます。そうなると、ますます英語そのものより「どんなアイデアを持っているか」に重心が移ります。コミュニティとの議論は英語でやるとしても、そこに魅力的な思想や研究成果を持ち込めるかどうかが勝負どころになります。

国際的に活躍できる存在になりたいなら英語があったほうが圧倒的に便利だけど、それだけで世界が開けるわけじゃない。むしろ、英語が必要になるような挑戦を始めることで自然と身につくというのが理想だと思います。たとえば、海外の学会や国際プロジェクトに積極的に参加する、海外の研究者とコラボレーションする、そんな具体的な目的ができれば「英語を勉強しよう」という気持ちも本物になります。逆に英語を先に一生懸命やっても、それを活かす機会がなければ忘れていくだけです。ツールは使ってこそ磨かれます。なんとなく「英語できたほうがよいよね」と言われるままに勉強するより、必要性に駆られてから短期間で爆発的に伸ばすほうが効率がいい人もたくさんいます。

要するに、英語は道具であって、その人の思想や研究、制作物を国際舞台に乗せるための回路のようなものだと私は捉えています。語学力それ自体が目的化してしまうと、何のためにそれを使うのかという肝心のビジョンを見失いかねません。逆に、魅力的なアイデアや強いオリジナリティがあれば、多少拙い英語でも海外のコミュニティで注目されることは十分あり得ます。ここにAI翻訳やオンラインツールが加わった今、言語の壁は従来よりずいぶん低くなったし、ブランド志向だけで大学や研究機関を選ぶ時代でもありません。何がやりたいか、どんな分野に面白さを感じるかを軸に動いた結果、自然と英語が必要になるのなら学べばいいし、日本国内で極める道があるならそれを全力で走ってもいい。

最終的に評価されるのは英語力ではなく、自分のアイデア、作品や論文、実験結果、あるいは哲学的コンセプトがどれだけの新しさやインパクトを持っているかだと思います。そういう意味で、「英語は必要なときに学べばいい」というのは私の率直な結論だし、実際に国際的な場で活躍している人たちの多くも、そうやって自分なりのタイミングで英語を習得しているように見えます。

第5章

忙しい親のための心得

どんなに忙しくても目配りしたいこと

Q.

仕事を辞めて子どもと一緒にいたほうがいいのかと悩むことがあります

A

子どもがかわいそうなので、辞める

B

お金がかかってもいいから仕事は辞めない

科学的子育てのヒント

母親が働くのは、子どもに悪影響なのか？

出産後も働きながら子育てをしているお母さんが増えています。少し古いですが、国立社会保障・人口問題研究所の調査によると、2015〜2019年において、出産前から働いていて第一子の出産後に仕事を継続している女性の割合は53・8％と、2010〜2014年から11ポイント上昇しています。[*1] 働きながらの子育てが、以前に比べると一般的になっている証拠だと思います。

実際には、仕事をしながら子育てをするのは大変です。

子どもがまだ小さいときには、自分が働いていることで、子どもに寂しい思いをさ

＊1 国立社会保障・人口問題研究所「2021年社会保障・人口問題基本調査（結婚と出産に関する全国調査）」（2023年8月31日）
https://www.ipss.go.jp/ps-doukou/j/doukou16/JNFS16_ReportALL.pdf

せているのではないか、ということで退職を考える方もいらっしゃるかもしれません。

しかし、母親がずっと仕事を続けている子どものほうが自信が生まれるとする研究[*2]もあります。

では、実際の子どもはどう考えているかというと、２００８年と古い調査ですが、財団法人家計経済研究所（当時）が出していた「現代核家族調査[*3]」というものがあります。

それを見ると、母親が働いている子どもの中で、「自分がさびしい思いをしている（しなければならないと思う）」と考えている子どもは10・6％。アンケートなので本心はまた違うこともあるかもしれませんが、そこまで心配することもないのかもしれません。


もちろん、家族においてはお父さんの役割も大事です。

お父さんのかかわり方によって、子どもの勉強時間が変わってくるという調査もあります。第一生命研究所の調査では、両親が子どもに勉強を教えることが多い家庭ほど、子どもが「勉強が楽しい」と答えた割合が高くなり、特に中学生については、父親が教えているか否かで、その勉強時間に差が出てくるそうです。[*4]

単純にお母さんが働いているかどうかよりも、子どもとどうかかわっていくか、お父さんがどんな接し方をしているかといったことが大事になってくるのかもしれません。

＊2 末盛慶「母親の就業は子どもに影響を及ぼすのか」家族社会学研究（2002年3月）https://www.jstage.jst.go.jp/article/jjoffamilysociology1989/13/2/13_2_103/_pdf/-char/ja

＊3 盧回男「母親の就業による子供への影響」家族・家計経済研究センター（2017年）https://kakeiken.jp/outcome/2017/kakeiken/nc5-10.pdf

＊4 第一生命経済研究所「子どもの学力格差を生む親の意識格差」第一生命NEWS 宅配便（2007年9月）https://www.dlri.co.jp/pdf/ld/01-14/news0709b.pdf

我が家の場合

忙しいお母さんは、頼ることを考えよう

共働きとはいえ、いまだ母親の負担が大きいという状況はあまり変わりません。
私は忙しいお母さんは、誰かに頼ることを考えてよいと思います。
子どもが幼稚園や小学校に通っているとき、まず頼れるのは、おばあちゃんやおじいちゃんでしょうか。いわゆる「孫育て」です。

私の場合も、母がしっかりと陽一の面倒を見てくれたので存分に仕事ができたのはありがたかったです。プリスクールから幼稚園まで、送りは私が担当しましたが、お迎えは母が毎回しっかりとやってくれました。

大手銀行の副本店長として毎日忙しく働いている知人の女性も、2人のお子様をご自身の母親に預けて働いています。

困るのが、ご両親が遠く離れているご家庭だと思います。頼みたくても、近くに頼める親がいない場合は、自分たちの負担がどうしても大きくなります。

保育園では延長保育などで対応できても、小学校に入ると「小1の壁」と呼ばれるハードルがあります。1年生は午前中で授業が終了することもあり、学童があるといっても定員オーバーで入れなかったり、保育園のように夕方や夜まで預かってくれるわけではないこともあります。そのため、両親のどちらかが仕事をセーブしたり、あるいは会社を辞めざるを得ないということもあるようです。

だからといって、仕事を辞めてしまうと収入面での不安もあります。教育は結構お金がかかります。経済的な裏付けがないと最後までサポートできなくなる恐れもあります。できるだけ長く預かってもらえる学童を探すと同時に、最近は在宅勤務を積極的に取り入れる会社もあるので、リモートワークやフレックスタイムなどの制度を利用するなどして、なんとか仕事を辞めないで子育てをしてほしいと思います。

何より、**子どもに働いている親の姿を見せるのは、とても意義のあることです。**

私の周りにも子育てをしながら、仕事で社会に貢献している女性がいます。

たとえば、医師としてクリニックを埼玉と東京に2か所経営し、4人の子どもを育てている知人がいます。看護師や事務員なども多数雇っています。そして最近は長女を医学部に入学させ、高校生の次女をイギリスに留学させています。

また、陽一が開成高校に入学して知ったのは、同じクラスの半数近くの母親たちが働いているということでした。開業医の方、大学病院所属の医師、弁護士や省庁の官僚たちであったり、自衛官や、大学をはじめ高校の教師などたくさんの方がいらっしゃいました。私を含め皆様いろいろなお仕事を持ちながらも、子どもたちをのびのびと育て、子どもが卒業してもお互いの状況報告を兼ねて母のクラス会が続いていました。ここで出会った母たちは皆元気で強いのです。

その中でも特に親しかったお母様は、3人のお子様を1人で育てていました。シングルマザーではなかったのですが、ご主人は他県で大きな病院を代々経営なさっていらっしゃるので、ほぼ東京の家にはいない生活でした。彼女は東京の大学病院で医師として1日中仕事をしながら、育てたのです。

夜遅くまで家事をし、終わると医師としての勉強などがあり、深夜遅くまでかかっても、朝早く起きて3人分のお弁当をつくり続けていたので、彼女は人生で寝る時間がほとんどなかったとおっしゃっていましたが、それでもいつも元気でした。

自分が大変だと思ったら、そこでどっと疲れを感じます。休日に子どもと付き合うのは大変、自分の時間がほしいと思っているお父さんやお母さんもいるかもしれません。でも、前向きに楽しいと思って子育てをしていると、時間が過ぎていきます。大変なのは、あなただけではありません。まず、親が何事も楽しいと思って取り組むことが大切なのだと思います。

Q. 自分が仕事で遅くなることもあり、子どもが寝ません！

A 「早く寝なさい！」と言って寝かす

B 寝るまで一緒に寄り添ってあげる

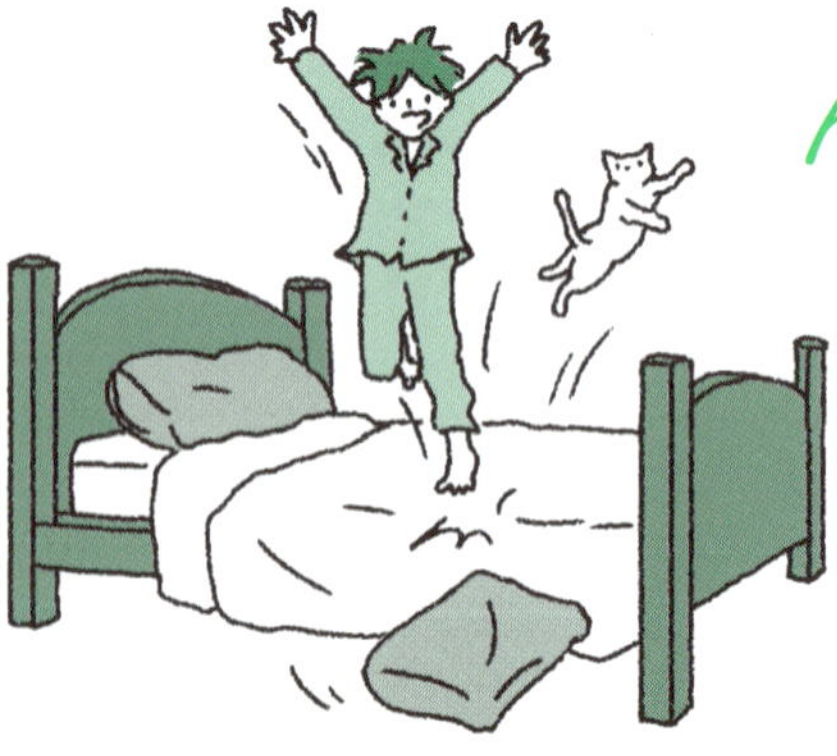

科学的子育てのヒント

子どもの睡眠時間をどう確保する？

昔から「寝る子は育つ」といわれます。実はこれは科学的にも理にかなったことであることがわかってきました。生後3～4か月くらいから夜深く眠っている間に成長ホルモンが盛んに分泌されるのだそうです。成長ホルモンは体を大きくする働きがある大事なホルモンですが、この時期に熟睡することが成長ホルモンの分泌を促進し、健全な精神・身体の育成につながっていくのだそうです。[*5]

しかし、2001年に出生した4万人以上の子どもたちに対して何時に就寝するかを厚生労働省が追跡調査[*6]したところ、4歳6か月時点で最も多い就寝時刻は21時台、

＊5 大川匡子「子どもの睡眠と脳の発達―睡眠不足と夜型社会の影響―」（2010年4月）学術の動向 https://www.jstage.jst.go.jp/article/tits/15/4/15_4_34/_pdf
＊6 三島和夫「子どもの睡眠」e-ヘルスネット（厚生労働省）https://www.e-healthnet.mhlw.go.jp/information/heart/k-02-007.html

次いで22時台という結果が発表されています。夫婦共働きの家庭が増えてきたため、母親の労働時間が長いほど22時以降に就寝する子どもの割合が高いという結果になりました。まさに我が家の場合と同じです。

我が家の場合

睡眠は大事、親は感情的にならない

ちなみに我が家は、睡眠に関しては、本当に大変でした。私が仕事のために帰りが遅かったりしても、陽一は眠らずに待っています。十分な睡眠をとってもらいたいのですが、私が起きている限りずっと陽一も起きていました。これはまずいと思い、どんなに疲れて帰ってきても、一緒にベッドに行って、寝る前には本を読んであげることにしました。読んでいるうちに私のほうが眠くなってしまうこともあり、陽一に揺すって起こされることもありました。おかげで陽一は本が大好きな子に育ってくれました。でも、眠らせるということにはあまり役に立たなかったような気がしています。

子どもが就寝するまでお母さんが寄り添っていてあげると、子どもは安心します。家事や仕事に時間を取られるのは理解できますが、子どもの成長には、小さい頃の食事と睡眠が大切です。心身の基礎ができる時期は取り戻すことはできません。忙しくても、子どもが眠りにつくまでそばにいてあげたいものです。

感情的になったときの6秒ルール

忙しくて余裕がなかったりすると、子どもの行動に対して、感情的に怒ってしまうことがあります。でも、子どもは子どもなりに考えて行動していることもあります。それを認識しないままに、感情をぶつけられると、子どもはうろたえてしまうことでしょう。私も子育ての最中は、反省することばかりでした。

いつものように仕事を終え、自宅に戻ると、母が不安な顔をして玄関の前に立っていました。嫌な予感がしました。

「陽君が帰ってこないの。いなくなってしまったの、どうしましょう?」

と泣きそうな声で訴えてきました。

夕食の支度をしているうちに、陽一が玄関からバタンと戸を閉めて出て行く音がしたので、止めようとしたが、間に合わずに出ていってしまったのだというのです。

私も急な出来事に不安と恐怖感に襲われてしまい、どうにもならない気持ちでいっぱいでした。

「もう外は真っ暗になっているのに、いつになっても帰ってこないので、いても立ってもいられなくて外に今出てきたところなのよ。どうしましょう？」

警察に連絡をするしかないと母も私も決め、早速近所の警察に電話をかけようとしたところ、向こうのほうから自分の体よりずっと大きなものを抱き抱えながらよろよろと歩いてくる小さな陽一が目に入りました。心配と怒りが一緒に込み上げてきてしまい、

「こんな遅くまで、何やっていたの!!」

と怒ってしまいました。

すると陽一が「はい、これ」といきなり大きなカーネーションと一緒に、たくさんの美しいお花がたっぷり入った花籠を私に渡してくれたのです。

「陽君どうしたの？　このお花？」

きつい言い方で問い詰めていました。

「お母さん、明日母の日だよ。忘れてたの？　ぼくね、お母さんに綺麗で大きなお花

をプレゼントしたくてこのお花を買ってきたんだ」

今度は、感謝と嬉しさが込み上げ、涙が出そうになりました。

いきなり怒ってしまったダメな母親ぶりに情けなくなりました。今でも5月になるとあの日のことを思い出します。あのとき、陽一の心を大きく傷つけたことは間違いありません。

しかしそれで終わったわけではありませんでした。大きな花籠を家に置くと、また真っ暗な外へ出ようとしました。

「どうしたの」と聞く私に「まだ終わっていないの」と言った陽一は、「お母さんもついてきて」と、私の手を引いてお花屋さんに向かって歩き出しました。

「ぼくはね、お世話になっているおばあちゃんと敦美おばちゃんにも母の日のプレゼントを用意してるの。わかった？」

私は息子に対し恥ずかしくなりました。私が何も語らなくても陽一自身が、私の母や妹への感謝の心を持っていたことに大きく心が揺れました。

あぁ、なんとひどい自己中心的な母親なのか！　最低！と自分自身がとても情けなくなったのでした。

子育てをしていると、どうしても感情をそのままぶつけてしまうことがあります。

これを防ぐために、企業の研修などでもよく取り入れられているアンガーマネジメントの考え方を取り入れてはどうでしょうか。怒りの感情は人間関係に多大な悪影響を与えます。こうした怒りの感情とうまく付き合っていくための方法をアンガーマネジメントというのだそうです。

怒りは、自分の思い通りにいかなかったり、不安や不満が心の中に溜まって爆発しそうになっているなど、いろいろな感情が入り混じったときに発生します。

そんなときに試してみていただきたいのは「**6秒ルール**」です。

「1．2．3……」と6つまで数えているうちに、怒りの感情がやや収まってきて怒りを直接ぶつける頻度が減るそうです。

子どもに「何してるの！」と言う前に、思い出していただけたらと思います。

Q. 学校のことをどこまで気にしますか？

A
できるだけ学校に任せる

B
気になることがあれば、学校に相談する

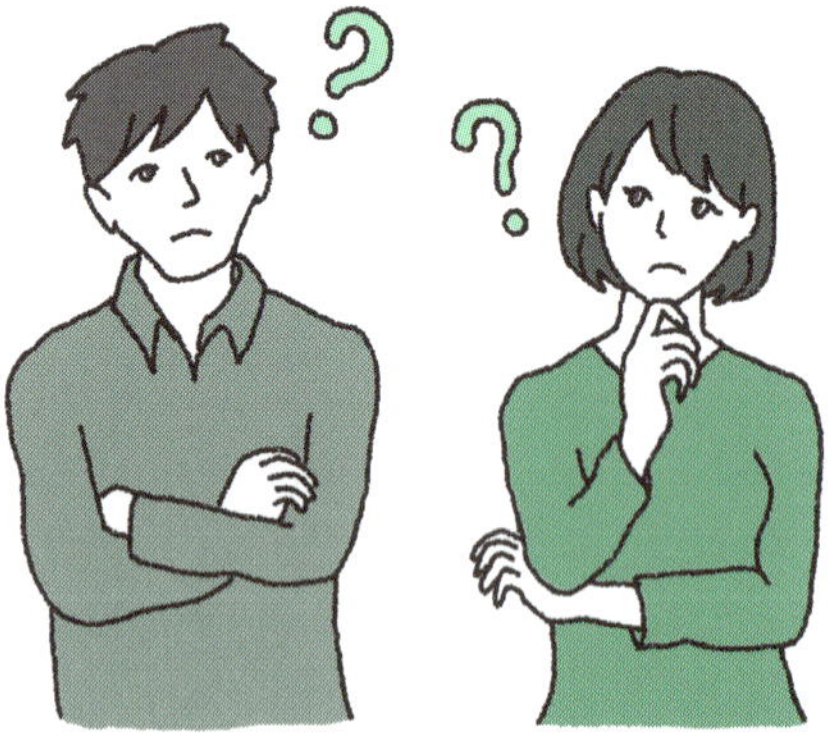

我が家の場合

学校生活にどこまでかかわるか？

モンスターペアレンツという言葉もあり、何か疑問があっても、学校に問い合わせをすることに躊躇する方もいるようです。

何より自分が忙しいと、「学校生活は学校任せ」と、親の意識が向かなくなってしまうこともあるでしょう。

しかし、学校は、子どもが長く時間を過ごす場所です。そこで何かあれば、影響は大きいと思うのです。

我が家も学校でのことでは、様々なことがありました。

ここで、学校での出来事に親がどう対処するかについて、まとめていきたいと思います。

いじめは早期発見して放置しない

いじめによる子どもの自殺というニュースを目にするたびに、心が痛みます。

いじめをしたほうもよくないですが、教師も学校も教育委員会もまるで他人事のような対応をするのを見ていて本当に腹立たしくなります。

文部科学省の調査によると、全国の小中高校と特別支援学校で2023年度に確認されたいじめの件数は約73万件超で、前の年より7％以上多くなっているといいます。[*7]

深刻ないじめによる痛ましい事件も1306件と過去最高で、小中学生と高校生の自殺者も397人だったとのことです。不登校の小中学生は約30万人を超え、深刻です。御自身のお子さんを本当に守れるのは親御さんだけです。子どもに異変が起こっていると思ったら、ためらわずに学校に行って真相を探るべきだと思います。

陽一が小さい頃は私がかなり忙しい仕事をしており、海外ロケによる出張など長期に家を空けることもよくありました。海外に出ると必ず陽一宛てに世界中から絵葉書を送ると決めていました。また、現地で少しでも時間がとれると、国際電話をかけて陽一と話をするようにしていました。当時の国際電話料金はものすごく高かったのですが、どんなに料金が高くても常に陽一を気にかけ、大事にしていることを伝えたかったのです。

一緒にいられる日は、必ずその日にあったことを長い時間をかけて聞きました。

子どもは起きたことをそのまま話すとは限りませんが、しっかり聞いてあげることで、友達関係がどうなっているのか、何か悩みがないかなどを表情や声の調子で判断していました。これでいじめにあっていないかを知るための判断としていました。

親が子どもの変化に「気づかない」ということは、後で大変な事故に発展する可能性があります。

小学校の同じクラスにO君という陽一と同じように体が小さいのですが、成績のよい男の子がいました。お父様は弁護士で、ゆくゆくは息子も弁護士にしたいと考えていたようです。陽一と同じ塾に通い中学受験をしたのですが、うまくいきませんでし

＊7 文部科学省「令和5年度 児童生徒の問題行動・不登校等生徒指導上の諸課題に関する調査結果の概要」（2024年10月31日）
https://www.mext.go.jp/content/20241031-mxt_jidou02-100002753_2_2.pdf

た。優秀なのに受験に失敗したのは、陽一と同じように試験に弱い子どもだったのかもしれません。

このため2人とも同じ中学に進学し、クラスも一緒になりました。陽一は本当に多様な国籍や民族の子どもたちと一緒に学び、遊んだりケンカをしながら元気に走り回っていました。一方O君は物静かで目立たない子どもでした。しばらくして陽一からO君の話題が出ないことに気づき聞いたところ、学校には来ていないと言います。

「どうしたの?」

「知らない」

その場は聞き流したのですが、後で同級生のお母さまから思いがけないことを聞きました。同級生の体の大きな女子生徒数人がO君を取り囲み、からかったりいじめたりしたようで、O君はそれ以来、不登校になってしまったのです。

学校では港区内の他の中学への転校を勧めたそうですが、結局かなり遠いところへ一家で引っ越していかれました。

子どもの不登校は本当に心配です。学校で何が起こっているのかと不安になります。でも親が子どもの防波堤になり、支えてあげることで最悪の事態は避けることができます。子どもを守れるのは、親だけです。今どこにいるのか消息もたどれなくなってしまったO君が、元気で暮らしていることを願うばかりです。

親の対応次第で人生が180度転換する

子どもにとって小学校は、1日の大半を過ごすところであり、かつ社会との最初の接点として、人間関係や人としてやるべきことを身につける大切な場所です。小学校時代をいかにのびのびと楽しく過ごし、しっかり学ぶことができるかどうかは、それ以降の人生に大きく影響します。

小学校時代を明るく過ごすか、そうでないかは担任の先生にかかわってきます。といっても子どもとしっかり向き合ってくれる先生かどうかは、親にはなかなかわかりません。子どもは学校で嫌なことがあったり、教師や生徒からいじめにあったとしても、親に心配をかけたくないと思い、言わないで済ませてしまうことが多いようです。

陽一が小学校高学年のとき、大泣きしながら帰宅したことがありました。

陽一は比較的明るく楽観的な性格で、友達との関係も良好でした。クラスメイトからいじめられても、逆にケンカを仕掛けていくようなところがありましたし、そのケンカに負けても、また立ち向かっていくような子どもでした。そのため泣いている陽一を見て、私は気が動転してしまいました。

話を聞くと、本人とは関係のない理由で、楽しみにしていた学校行事に参加できなくなったということがわかりました。

そのとき、ようやく陽一が学校で居づらい思いをしていたことがわかったのです。私は意を決して学校に行き、教頭先生に相談しましたが、結局卒業まで担任が代わることはありませんでした。

教師は子どもをほめて育てる方針の方と、ビシビシ厳しく教育するタイプの方がいます。厳しいのはいいのですが、感情をそのまま子どもにぶつける方が担任になると子どもは大変です。人間ですので、相性が悪いこともあるでしょう。でも、人生の窓口ともいえる小学校時代に、保護してくれるはずの担任の先生から拒否されたら途方に暮れてしまいます。陽一の卒業文集に4年生までの楽しかったことしか書いていなかったことを発見し、もっと早く学校に相談すればよかったと、今でも後悔しています。

反抗期は大人への扉

中学生くらいになると、体格も大人びてきます。子どもなら「ただのケンカ」で済んだものが、大事になる可能性もあり、特に男の子の親は心配ではないでしょうか。我が家では、何かあったときに、大人の社会ではどのようなことが起こる可能性があるのか、きちんと伝えるようにしていました。

陽一は子どもの頃は体が小さく、しょっちゅういじめの対象になっていましたが、なんとか無事に幼稚園、小学校での生活を送ることができました。しかし中学生になると急に体が大きくなり、さらに空手も習っていたのでケンカをしたら大事になりかねません。

中学生になったある日、家に学校の先生から電話がかかってきました。ケンカをして相手がケガをしたので、学校に来てほしいという内容でした。

慌てて学校に行くと、初対面の体育の教師が待っていました。

「私は現場を見ていないのですが、2人でケンカをしたようで、相手の子どもがケガをしたと言って保健室に飛び込んできたので、寝かせています」

ケガをしたというのを聞いて、私は頭に血が上りました。

「陽一、なんてことをしたの！」

陽一は日頃からいじめられている生徒に対して、ケンカを仕掛けたようです。相手は勉強ばかりしていた陽一が目障りだったようです。状況がわかり、先生の前で私は大きな声で話しました。

「陽君。普段から言っているでしょう。相手をケガさせるようなことをしたら、一生終わりなのよ。いくら勉強はできても、取り返しのつかないことになったらどうするの。謝りなさい。もし相手が許してくれたら示談が成立するけれど、許してくれないとなったら君は終わり。手を上げてはダメなのよ。わかった？」

なぜここで示談という言葉を使ったかというと、実は私のいとこが中学時代に友達にカッターで太ももを切られて大ケガとなり、警察官が来たことがあったのです。双方の親同士が話し合い、示談になれば警察は介入しないが、示談が成立しなければケガをさせたほうは少年院送りになるということを陽一にも話をしていました。

そうしたやりとりを見ていた相手の男の子が、「ごめん」と頭を下げました。

「これから仲良くするのよ」

私が言うと、陽一も渋々頭を下げ、相手の男の子に手を貸して起き上がらせました。

この一件以降、ケンカ騒ぎはピタッとなくなりました。たぶん陽一も相手にケガをさせるとまずいことに気づいたのでしょう。


事件後、夫と陽一の3人で食事をしたことがあります。

「陽一、お前は空手を習っているが、初段にはなったか?」

「うん」

「君に言っておく。お母さんやおばあちゃん、敦美おばちゃんが襲われたとき以外は、空手は使ってはいけない。なぜだかわかるか?」

「わからない」

「空手は本気で戦うと、人を殺してしまうほどの強い技があるんだ。君は強くなっているのだから、空手を自分の身を守る武器として使い、悪ふざけや遊びで使ってはいけない。意味がわかるね」

「はいわかりました」

ちなみに、その後ケンカはなくなったものの反抗期は続いていました。

中学校のときの担任教師に相談したところ「中学生には反抗期があるのが普通です。時間が解決しますよ」とのことでした。

家族が笑顔であるのが一番

私が最も印象に残ったのは小学4年生のときの担任、赤津先生でした。学校に入るとどうしても親と子どもの距離が離れがちになります。赤津先生は、「母と子どもの交換お手紙」という授業を行ない、相手に対する素直な気持ちを親子で共有する機会をつくってくれました。手紙の題は母親から子に対する「10歳児の記念メッセージ」で、親からのメッセージを読んだ子どもが返事を書くというものです。私も日頃感じていたことを率直に書きました。子どもはいつも普通の顔で生活していますが、陽一からの返事を読んで、「心の底ではこんなに親のことを考えていてくれたのか」と驚いたことを覚えています。

当時の手紙を取っておいたので、少しご披露します。

母親からの手紙

陽一君へ、

9月16日で陽一君は10歳になりますね。

お誕生日おめでとう。16日はできるだけ、陽一君と一緒に時間を過ごせるようにしようと、お母さんは思っています。なぜなら、陽一君にお母さんはとても感謝しているからです。あなたがいるから、お母さんは毎日元気に仕事に励み、生きていくことができるからです。こんなことを言ってもまだ陽一君には意味がわからないと思います。

陽一君、お母さんは他のお友達のように、いつも一緒にいてあげることができなくてごめんなさい。陽君はお母さんがいなくてさみしかったときがたくさんあったと思います。だけれども、あなたは小さい頃からずっと今まで「お母さん、いなくてもだいじょうぶ。さみしくない」と言ってお母さんを安心させてくれました。陽一君の気持ちはよくわかっています。さみしい思いをいつもさせて本当にごめんなさい。でもお母さんは陽一君に「ありがとう」って言います。陽君はいつも元気でニコニコしていて、お母さんはあなたがいることで、生きるかてになっているのです。お母さんもできるだけ陽君がさみしい気持ちを感じないように、努力するようにします。陽君も何か思うことがあれば、お母さんに話してください。陽君とお母さんの間には秘密はないですものね。これからもどうぞ宜しくお願いします。

母より

息子からの手紙

お母さんへ、

お手紙ありがとうございました。

ぼくはこの10年もの間とてもお母さんにお世話になったと思います。

ぼくはこれから手のかからないようにしたいと思います。

だって心配させるわけにはいかないからです。ぼくはあのお手紙を読んで、お母さんの気持ちが少しわかった気がします。

ぼくは、たんじょう日が来るごとに大人に近づいていきます。

今年も9月16日には10才になります。今まで育ててくれたことをぼくはとってもかんしゃしています。ぼくがここまで育っている間にもいろいろなことがあったと思いますが、これからもどうぞよろしくお願いします。ぼくはいままでいろいろ心配をかけてしまったことをぼくはとってもはんせいしています。お母さんは、ぼくにさみしい思いをさせていると思っていると思いますが、ぼくはつくづくしあわせだと思います。ぼくはお母さんとくらせることをしあわせだと思っていますので、心配なさらないでください。

これからもぼくを育ててください。これからもどうぞよろしくお願いします。

ぼくはお母さんがいることをすごいほこりに思っています。これからもお仕事頑張ってください。そしていままでありがとうございました。ぼくは嬉しいです。だってお手紙に書いてあったように、だいじに育てていてくれたからです。ぼくもその気もちにこたえられるようなりっぱな大人になりたいと思いました。ほんとうにぼくはさみしくないです。いままで育ててくれてほんとうにありがとう。

母さんへ

陽一より

授業で子どもたちが書いたこの手紙は、その数週間後の保護者会で、担任の先生から一人ひとりの親に手渡されました。普段子どもが親のことをどのように思っているのかを、しっかり受け止めることができ、ほとんどの母親たちは涙の会でした。それからは、より子どもとの時間を意識しながら接していけることとなり、本当に感謝しています。

母親は幸せな顔をしていればいい

仕事が忙しくて余裕がなくなったり、子どもの成績が振るわず心配になったりすることもあると思います。でも、特に母親にとって大切なのは、いつも幸せな顔をしていることだと思います。

とはいえ、私も、いつもそんな状態でいられたわけではありません。

陽一がまだ幼い頃、その後の進路にもよい影響があるような幼稚園に入れたいと、東奔西走していた時期がありました。当時は情報も少なく、自分にとっても初めてのことでしたので、おそらくかなり厳しい表情をしていたのだと思います。そんな私を見て、夫が言った言葉があります。

「母親が心配すると、顔に出るから、お前はいつも幸せな顔をしていればよい。そうすれば陽一は必ず立派に育つから、もっと大きな心で見守りなさい。君は好きな仕事をしっかりやっていればいいのだから」

それを聞いて、ハッとしました。

確かに私は目の前のやらねばならないと思ったことに対して、一生懸命突き進む傾向があります。成し遂げるためには何が必要なのか、いつも考え、準備して行動していました。だから幼稚園とはいえ受験がうまくいかなかったときは、心底がっかりした顔をしていたのだと思います。陽一も私のそんな表情を見て心配をかけたと思ったのかもしれません。

子どもはいつも親の表情を見ています。楽しい幸せそうな顔をしていると安心しますし、うなだれていると心配になり、自分に何か落ち度があったのかと自分を責めるようになるかもしれません。

「お前はいつも幸せな顔をしていればいい。そうすれば陽一は必ず立派に育つから」

その言葉に救われ、気づかされ、そして励まされてきました。

同じ言葉を、子育て中の皆様に捧げたいと思います。

「あなたがいつも幸せな顔をしていればいいのです。子どもはその顔を見て安心し、立派に育っていきます」

落合陽一

年の離れた理解者が子どもの天才性を育てる

天才的な閃きや独創的なアイデアを持つ子どもが周囲に理解されにくいのは、昔も今もそう変わりません。歴史上の天才たちを見ても、彼らが生きていた当時は、その発想があまりにも先を行きすぎていて「奇妙なことを言っている」と一蹴されたり、まったく評価されなかったりするケースが少なくありませんでした。天動説全盛の時代に地動説を唱えたコペルニクスが誰からも理解されなかったのは、その典型例だと思います。周囲の常識と異なるアイデアを打ち出すというのは、孤独や誤解と常に隣り合わせです。

だからこそ私は、年の離れた理解者――ときには親以外の存在が必要になると感じます。仮にすぐには周囲に受け入れられなくても、その子がやっていることを少し先回りして面白がってくれたり、「こういうところが新しい」とフォローアップしてくれたりする人がいるだけで、天才性は育ちやすくなる。何をやっても忘れられてしまいがちな世の中で、「君の考えは面白いね」「もっと追究してみたら？」と見守ってくれる存在がいると、子どもは世界に対して肯定的な感覚を持てるようになるはずです。

「見てくれる人」の存在意義

実は「世界に対する肯定感」があるかどうかは、ものすごく重要だと思います。子どもが何か新しいものを生み出そうとするとき、理解者が皆無で「やってみてもどうせ無駄だよ」と言われ続ける環境だったら、その子どもは自分のアイデアを発展させる前に諦めてしまうかもしれない。もちろん、地動説を唱えたコペルニクスのように周囲から反対されても耐え抜いてしまう人はいますが、そうしたケースは極めて稀です。多くの人は、一人きりで孤軍奮闘するほどのエネルギーや自信を子どもの頃から持っているわけではありません。だからこそ、少し年上で経験豊富な誰かが「それって面白いよ、もっと聞かせて」「応援するよ」と言ってくれるだけでも、ずいぶんと心が軽くなる。周囲の反応に惑わされず、自分のアイデアを磨き続ける土壌が生まれます。

一方で、今の時代はＡＩが様々な作業を代替してくれるようになりつつあります。自動で情報を探し、データを処理し、問題を解決する手段を見つけてくれることも当たり前になりつつある。そのこと自体は素晴らしいと思いますが、ＡＩが何かを考え、アウトプットしてくれたとしても、それを「どのようにチェックするか」「なぜそれが価値を持つのか」を判断するのは人間の役割です。しかも、ほとんどの革新的な仕事は一瞬で理解されるものではなく、発表しても世間からすぐに忘れられてしまうことが多い。だからこそ、誰かがその仕事を継続してモニターし、「これはまだ世に知られていないけれど本質的に新しい」と評価してくれるだけでも大きな支えになる。

朝起きても昼起きても、何か新しい発想や試作品を眺めて、「昨日よりもここがよくなっている」「ここは修正が要る」などと一緒に確認してくれる相手がいること。あるいは「これ、他の人にはイマイチ伝わらないかもしれないけど、僕は面白いと思うよ」と言ってくれる大人の存在。そうした日常的なやりとりが、子どもの探究心を少しずつ育て、「天才的なアイデアを温める基盤」になっていくのではないでしょうか。結局のところ、AIが思考タスクを代わりにやってくれる時代こそ、人間同士のコミュニケーションや相互理解が、これまで以上に大切になると思います。周囲に「見てくれる人」がいなければ、せっかくの革新的なアイデアも埋もれてしまいかねないのです。

年の離れた理解者がなぜ必要か

さらにいえば、子どもや若い人だけでなく、大人同士の間でもこの「年の離れた理解者」という関係性は大きな意味を持つと思います。年が離れていることで、相手の視野や経験が自分と大きく異なることが期待できるし、それが創造性を補う要素にもなる。自分では当たり前だと思っていたことが、違う世代の目から見ると斬新に映ることもあれば、その逆もある。世代が違うからこそわかり合えない部分も当然あるけれど、それでも相手の視点を取り入れて「自分にしか見えない何か」を更新し続けることが、結果的に新しい価値を形にしていく。これは「世界に対する肯定感」を育むと同時に、「自分が世界に提示できるもの」を研ぎ澄ませるためのプロセスでもあるのです。

「天才になるにはどうすればいいか？」という問いへの私の答えは、やはり「1つのことを徹底的にやり通す」か「誰もやっていない新しい切り口を拓く」の2つに尽きます。しかし現実的には、後者を選んだ人は往々にして孤立を余儀なくされがちなので、そこに「年の離れた理解者」がいるかどうかが大きな差を生みます。周囲に理解されず心が折れそうなときでも、「それはきっと将来評価される」と信じてくれる人がいるだけで、踏ん張りが利くのではないでしょうか。そうした大人のサポートや対話があってはじめて、新しい地平を切り開く原動力が生まれるのだと思います。

天才性とは、ただの生得的才能だけではなく、多くの場合「タイミングの問題」と「理解者との出会い」が大きく作用します。子どもが自分のアイデアをどこまで形にできるかは、社会の側がその才能をどのように支えられるか——特に、親世代やさらに上の世代が肯定感を持って見守れるかどうか——にかかっているのではないでしょうか。

受験をどうする？

第6章

偏差値か
適性か？

我が家の場合

どこの大学を出たかよりも「社会」でどれだけ役立てるか

大学はゴールじゃない

学歴だけがゴールではない。そう思いつつも、子どもの可能性を広げるために、どうしてもよりよい教育環境で学ばせたいという思いが過熱気味になることがあります。

ただ、振り返って私がいえるのは、「世間的によい学校に入れたからといって、子どもを幸せにできるとは限らない」ということです。

私が目標としていた陽一の未来は、東京大学で学ぶ姿を見ることでした。夫の落合信彦はアメリカのIvy Leagueに入学させたかったようでした。しかし私は英語の嫌いな息子は嫌がるのではと思いその選択肢は考慮しませんでした。

結論からお話しすると、現役での大学受験は思ったようにはいきませんでした。

でも、陽一にとっては、このことがかえってよかったと思います。筑波大学で本当にやりたいことを見つけて、居心地よく学ぶことができたからで、母親の選択をおしつけるのはよくないとしみじみと思ったのです。

夫はいつも言います。

「大学はゴールじゃない。社会に出てからの人生のほうが長いし、社会に出てから何をするのかが大事だ」

大学を押しつけるということは、その後の人生の選択までも親が決めてしまっているようなもの。子どもの人生ではなく、親の人生になってしまいます。

子どもの特性に合っているのかどうかを考えず、親が希望の大学を勝手に決めてしまっては、子どもの可能性をつぶしてしまうような気がします。

本当にその学校で学びたいことを見つけられるのか、本当に夢中になれることに出会うことができるのか。一番大事なのはそこではないでしょうか。大学というブランドを押しつけるのは、その子のこれからの人生をつぶしてしまうのと同じことだと思います。

受験準備はいつから？

陽一は区立小学校に通い、毎日友達と楽しく学んでいました。しかし私としては、さすがに中学受験はさせたほうがよいのではと思い、周囲の紹介で塾に通わせました。そのうち塾の入り口近くで「家庭教師をやります！」というチラシを配っている学生を見かけました。チラシのプロフィールには麻布中学・高校から慶應義塾大学と書いてあります。塾に対して不安を感じていた私は、彼に声をかけ話を聞きました。「最終目的はどこの大学を考えていらっしゃいますか？」と、聞かれ、「東大に行かせたい」と伝えると、「それなら、同級生に東大生の友達がいますので、彼を紹介しますと」と言ってくれました。そして、東大を目指すのならSAPIXに行ったほうがいいというアドバイスをもらいました。SAPIXに入るには入塾テストがあり、合格しないと入れません。陽一は無事合格しましたが、入塾早々は慣れていなかったこともあり、トップクラスではありませんでした。しかし、次第に成績も上がり、やる気も出てきたのがわかりました。

それなりの学校を目指すなら、やはり塾に入れないと受かる確率は低くなると思います。塾に入ってわかったのは、入塾の時期が大切だということです。

試験問題は選抜することを目的としてつくられているので、難関校は応用問題的な出題がどうしても多くなります。合格するには、それに慣れる必要があるため、ある程度の時間が必要です。だからこそ、学校で学ぶ内容はできるだけ早くに終えておく必要があるわけです。

私の周囲には、お子さんが中学受験をするという親御さんが少なからずいますが、話を聞いていると、中学受験で難関校を目指すのであれば、今の時代は、小学3年生でも遅いような気がします。

陽一は、小学5年生から進学塾に通いましたが、塾で足りない部分を補習という形で東大生の家庭教師の先生に見てもらっていました。その先生には、すごく影響を受けています。陽一ととても相性がよく、彼が通う東大の薬学部の研究室も見学させてもらいました。その先生は小学5〜6年生の2年間、そして中学時代は3年生の夏まで家庭教師をしていただきました。今は大学の教授をなさっていらっしゃいます。

高校を目指し方向転換

中学受験の目標は麻布中学でしたが、まだその実力に達していなかったのでしょう。結局は区立中学に通うことになりました。当時の私は心配していました。特に男の子は受験に失敗すると精神的ダメージが大きく、「もういいや」とやけになることもあるとのこと。それに思春期の反抗期が重なるので、小学校時代に成績のよかった子が受験に失敗するとひどいことになると聞いていました。

でも、我が家の場合は、夫が陽一の支えになりました。

「落ちてよかったと思える日が絶対に来るからな。お前にふさわしいもっと優れた学校にたどりつける。心配なんかするな。いつものお前でいけ」

もう一つ、救われたのは当時通っていた進学塾の塾長先生の言葉でした。受験の後、進学塾に通っていて不合格だった子たちと親を集めておっしゃいました。

「受験はその日の体調とかいろんなこともあるから、本当は受かっていたのは君たちだったかもしれない。そのとき、たまたま運悪く、出題されたところが山をかけたところと違ったり、体調が悪かったり、緊張してあがっちゃったり、いろんなことがあった。受験だけで判断するのはおかしいんだよ」

さらに続けて、

「だけど君たちはできる子たちなんだから、これから3年間ブラッシュアップして、前よりももっと一生懸命頑張れば、今回受けた学校よりもっといい学校に入れるはずだよ」

陽一の顔が少し明るくなりました。私も気持ちを切り替え、高校受験にターゲットを合わせました。

受験は親と子どもの二人三脚なので、子どもが受験に失敗すると親、特に母親がショックを受けてしまいそれが子どもに伝わって、それ以降受験に向かえなくなることもあります。最終目標さえクリアできればいいのですから、途中失敗したとしても母親が落ち込むのは子どもにとってよくありません。母親がショックを受けると、子どもは自分が失敗したから母親をこれほど落ち込ませてしまったと責任を感じ、余計に力を出せなくなり、やる気も失せてしまいます。母親は子どもに寄り添って、でも落ち込んだ表情は見せない。これが長い受験を勝ち抜く秘訣の一つです。

陽一は進学塾に週3回通っていました。迎えには私が必ず行くようにしました。塾に行ってもどうせやらないから意味がないという方も時々見かけますが、子どもがやる気を出すなら、伴走者でありコーチとして塾は意味があると思います。

高校受験は、いかに3年後の受験までモチベーションと目標を持ち続けることができるかが、合否を分けます。最初の目標は高いほうがよいでしょう。もちろん、最終的には自分の実力を見ながら志望校を決めるしかないのですが、それほど努力しなくても入学できる学校を目標とすると、それ以上は伸びなくなります。現在の実力よりちょっと上を目標として設定するから、努力も続けられるし、モチベーションも保つことができるのです。

この塾は成績次第で席替えがあり、さらにクラス替えもある。子どもの性格によっては成績の順番がわかるような仕組みを否定する方もいます。ギャンブルにおける射幸心をあおるのと変わらないのではとの批判もありますが、人間は比較されることで奮起し、上を目指すことができることもまた真実です。上昇する気持ちをたきつけることがなくなると、努力しなくなるというのが私の経験から得た教訓です。

陽一の場合は、目的が定まると必死で頑張るので、このようなやり方でも受け入れなくてはならないことに自覚があったと思います。3年後には開成高校に無事合格でき、多くの教師や友人、学ぶ環境に恵まれ、そして自分の好きなことがなんであるかを見つけることができました。この頃の陽一を見ていると、強い意志を持って取り組んでいることが私にも伝わってきました。

発熱でうわの空の高校受験

しかし、高校受験は、試験当日が大変でした。

開成高校の試験前夜に陽一と私は揃って突然発熱、おまけに吐き気もひどく救急病院に駆け込みました。2人で点滴をしてもらうことになりました。

「息子は明日高校の受験日です。私はともかく、高熱のある息子をなんとか元気にしてください。お願いします」

担当の医師に必死でお願いしました。2人で家に戻ったのは深夜12時近くでした。自宅に戻り陽一の受験の準備を確認すると、私は倒れ込むように寝てしまいました。

陽一は朝になってもまだ熱が残っていましたが、予定時刻より早く起き、車で送っていくという私の妹の申し出を断り、お弁当だけ持って1人で出かけました。駅の途中にある八幡神社にお参りし、開成高校に向けて出発したようです。

私の熱は下がらず、ただただ祈るだけで、試験会場に行ってあげることすらできず家で待っていました。

午後遅く、陽一が帰ってきました。

「熱があったのでトイレには行かず。落ち着いて試験が受けられた。わからないけれど……受かっていると思う」

と答えました。私は神様に祈りました。

数日後、開成の合格発表の日です。一緒に見にいくつもりだったのですが、陽一が「1人で行くので家で待っていてほしい」と言って、出かけていきました。

母親は祈るだけでした。「電話はまだかかってこない？　大丈夫かしら？」と不安でオロオロしていました。すると、

「お母さん、受かったよ」

「おめでとう。私も合格発表を見にいきたいから、待っていられる？」

「うん。大丈夫。待っている」

という陽一の声に、思わず涙が出てきました。夫にすぐに電話すると、「すぐに行ってこい。着いたら電話をくれ」。

陽一の受験番号は44。私が受験の申し込みの列に並んで取った番号です。陽一が合格の発表ボードの場所に連れていってくれました。確かに44番の数字がありました。

「陽君おめでとう。パパの言う通りになりました！」

大学受験はどんな結果でも道が開ける

高校に入学したのも束の間、3年後には大学受験があります。

入学試験は一発勝負ですので、その日体調が悪い子もいるでしょうし、偶然見た参考書の問題が試験に出る子もいます。試験のストレスに弱くて、本番で力を出し切れない子どももいます。受験は合格できたらそれはハッピーですが、落ちたことでかえって別の道が開けることもあります。

高校3年生のときに目指していたのは、東京大学理科3類（医学部）です。現役での大学受験はセンター試験の記入場所の間違いによって点数が足りておらず、東大理3の合格ラインにたどりつきませんでした。1浪して再度東大に挑戦することになり、友人たちと相談して、駿台予備学校医学部受験コースに1年通うことを、本人が決めました。仲のよい同級生がいたり、新しい友達ができて環境をより楽しんで受験に向かっていました。

2年目のセンター試験の点数はかなり高く、東大一次試験に確実に受かるように、理科3類ではなく、理科2類を受けました。大学2年のときに2類から3類に移る予定です。しかし発表の日に「落ちた」と言ってきました。私は「嘘でしょう？　きちんと東大に行って確認していらっしゃい」と話しましたら、「いや落ちた」と言い、「後期を受けるから」と言いながら元気がなくなっていました。落ちるわけはないと思っても、現実は落ちたのでしょう。そこで私自身悩みました。陽一のセンター試験の得点では、東大でなければ国立大学にかなりの確率で合格できそうな状況でした。どこかの大学にまず入学して学生をしながら東大に向けた受験勉強をさせるか、浪人するか、東大以外の大学で学ぶか、本当に迷いました。

学生をしながら受験勉強をするのなら、どこの大学にトライさせるべきか考えました。そのとき、夫と以前ドライブをした筑波大学を思い出しました。アメリカと比べても引けを取らない広々としたキャンパスと自然豊かな環境。そこで入試の資料を取り寄せ、入学可能な学部がないか探しました。センター試験の点数でかなりの確率で合格可能なのは、新設されたばかりの筑波大学情報学群情報メディア創成学類でした。

陽一には「まずは筑波大学に受かってください。受かったら入学して、もし気に入らなかったら大学に行きながら浪人してください」と言いました。

この言葉に渋々納得した陽一は、筑波大学を受験し、合格しました。

陽一の特性を伸ばしてくれた筑波大学

筑波大学の同じ学群には、1浪して入学した開成高校出身者がいました。陽一はその彼と4年間ずっと同じアパートに住み、一緒にサークルを立ち上げ、毎月学内雑誌を出版したり学園祭でコンサートをするなどして過ごしました。

のちにノーベル賞の候補となる磯谷順一学類長（当時。筑波大学では学部長ではなく学類長という）など、そうそうたる教授陣がいて、自由にのびのび研究をさせる環境が整っていました。陽一は新しいクラブをつくり雑誌を発行したいと、磯谷学類長に直接、許可をもらいに行きました。学生が直接学類長にお願いにいけるというのも、筑波大学ならではの校風なのでしょう。クラブができたら担当顧問になってほしいと頼みに行ったところ「やってやる！」とすぐに引き受けてもらえたようです。雑誌の編集で徹夜になると、学類長が奥様お手製のサンドイッチやお寿司を差し入れてくれるなど面倒を見てくださったとのことでした。

筑波大学にはパソコンでゲームを開発した教授もいて、儲かって仕方がないと学類の部活にカンパしてくれたと言います。「高級料理を勉強するのも今のうちだから、これでおいしいフランス料理を食べてこい」と言って、ポンと数万円のポケットマネーを出してくれたこともあったとか。

この自由で居心地のよいキャンパスが、現在の陽一の基盤となりました。こうして筑波大学がすっかり気に入った陽一は、再度東大医学部にチャレンジすることなど忘れて、最高のキャンパスライフを楽しんだのです。

もし私がどうしても東大医学部に入学させたいと願い、2浪もさせてしまったとしたら今の陽一はおそらく存在していません。筑波大学に入学して、そこで本当にやりたいことを見つけることができ、研究できたことが今につながっています。自分の娘を医学部に入れたいばかりに何浪もさせ、最終的に子どもが母親を殺してしまったという事件がありました。悲しいことです。

時代も陽一にとってはいい追い風となりました。

陽一が入学した学群はできたばかりで、一期生でした。デジタルやIT分野は今や欠かせないものとして、日常のあらゆるところに入り込んでいます。でも陽一が入学した当時は、創生期で、東大にもそうした学部はありませんでした。

陽一は筑波大学で学び、その後東京大学の大学院を受験しました。

当時東大教授で２０２４年に瑞宝中綬章を受章された坂村健教授が、試験および面接担当でした。陽一はペーパー試験に弱いという性質はそのまま残っていて、試験当日は「ダメかも？」としょげて帰宅しました。一方で筑波大時代に、陽一はすでに欧米の世界的に有名なコンベンションで大きな賞をいくつか受賞していたため、筑波大学の何人かの教授から素晴らしい推薦状を書いていただきました。

無事、大学院で修士課程を終わらせ、博士課程に進んだ後、坂村先生から、こんなことを言われました。

「今までいろいろな学生が大学院を受けに来たけれど、陽一君ほどユニークで将来性のある学生は見たことがなかった」

面接のプレゼンテーションでは、部屋に入るなり試験担当者の前でポケットからいきなりレゴをたくさん出して、それを使ってプレゼンしたようです。

「とにかく発想が素晴らしい！　私が絶対に博士にしますからね」

とおっしゃっていただきました。

すべてスムーズにいったわけではありませんが、東大で博士を2年で取り、その間に、マイクロソフトリサーチ(研究所)のインターンに入ったり、日本ではノーベル物理学賞をとった中村修二さんしか受賞していないワールドテクノロジーアワード(ITハードウェア部門)という賞をいただいたりと活動の幅を広げていきました。

現在は筑波大学に戻り准教授となり、デジタルネイチャー開発研究センターのセンター長として働いています。研究だけでなく、実用化も目指しており、産学連携事業という形で大学には特許の契約パートナーとして参加してもらい、ピクシーダストテクノロジーズという株式会社を立ち上げました。

今考えると筑波大学だったからこそ、のびのびと研究ができ、メディアアーティストとしての基盤ができました。でもそれは今だから実感できることで、受験の真っただ中ではそんなことは考えられませんでした。

陽一は筑波大学が大好きで、その素晴らしさを発信しています。学位(学士)は筑波大学で、修士は東京大学大学院、そして飛び級2年で東京大学大学院博士課程で博士号(Ph.D.)を取得し、その後筑波大学で助教としてスタートを切ることができました。現在は准教授として授業だけでなく、ゼミ生も多く抱えています。

結果的に本人がやりたくて、一番力を発揮できる大学に入学したからこそ、現在につながっています。「偏差値にこだわらず、その人に合う環境に巡り合うことが大事」なのだと実感しております。

落合陽一

どんな大学に行っても、仕上がりは一緒

どの大学や高校を出ようと、結局のところ「仕上がり」はそんなに変わりません。大学の看板や偏差値は、世代によって重視された時期もありますが、実際のところそこに大きな意味は見いだしにくいと考えています。私は大学で学生を送り出す立場にいますが、彼らが社会に飛び立つ瞬間を見ていると、本当に差がつくのは学歴ではなく、「自分のコア」をいかに積み上げてきたか、そしてどれだけ多様な体験や人とのかかわりを通して自分の視野を拡張できたかだと感じます。

どんな分野でも「一番」になろうとするのは、それ自体を楽しめるなら構いませんが、偏差値や成績で上位を目指すことにこだわり続けるのは、ある意味では効率の悪い生き方かもしれません。一瞬は達成感があっても、それが自分のコアにつながって

いなければ、大学を出た後で「結局やりたいことが見つからない」となりがちです。逆に偏差値が振るわなくても、特殊な体験をしたり、自分だけの視点から作品をつくったり、新しいサービスを考案したりといった試行錯誤の中で知性や創造力を磨き上げた人は、社会に出ても柔軟に価値を創造しています。だからこそ「どの学校に行くか」よりも「何を感じ、何を積み重ねるか」に重きを置いたほうがいいと思うのです。

「どんな学校を出たか」よりも大事なこと

今の社会は、ただでさえ情報があふれている上、新しいテクノロジーがどんどん出てきます。農業から工業へ、さらに情報社会へと移り変わってきた歴史を見ても、名前の通った学校を出たかどうかより、どんなネットワークやコミュニティに身を置いて自分の感覚を研ぎ澄ませてきたかのほうが、後々の可能性に直結しています。人との出会いや環境との交わりで「自分の芯」が形づくられていくわけで、それは偏差値や学歴とは無関係に成長し続けます。

政治的な争いだとか、派閥間の競合だとか、そういった局所的なエピソードに振り回されるより、長期的に見て自分が何を築き上げたいのか、何を深めたいのかを考えるほうが得策です。人によってはゲームであれ、スポーツや音楽であれ、SNSの活用であれ、何かに熱狂できるならそれを突き詰めることで独自のコアが育っていきます。学内での成績や偏差値は、その過程を示す一指標にすぎません。実際、特殊な情熱や没頭体験が後で大きな武器になるケースは少なくないのです。

だから受験に失敗したからといって、人生が終わるわけでもないし、自分という存在が劣るわけでもありません。大学や偏差値をめぐるレースの勝ち負けで消耗するより、面白いと思ったことにとことんのめり込み、自分の世界を豊かにしていくほうが有益でしょう。そちらのほうがはるかに「仕上がり」を分けます。人は学歴で差がつくと思い込みがちですが、実際には自分だけの考え方や創作活動をコツコツ蓄積してきた人が、社会に出てからも強いように思います。どんな大学を出ようと、その部分が育っていなければ結局は差がつかないし、あるいはやりたいことが見つからずに停滞してしまいます。

目先の偏差値より自分の核心をいかに伸ばすか

私が思うに、目先の「一番」に固執するのではなく、自分の核心を伸ばすために出会いと好奇心を活用するのが賢明です。環境はどこでも選べるし、人とのつながり方は工夫次第で無限に広がります。大学や高校の名前がどうであれ、同級生や先生、あるいはオンライン上のコミュニティを通じて、いくらでも面白い体験や想像もつかない知恵と出会えます。それらを自分のコアに取り込みながら進むほうが、やがて社会に出たときに真のアドバンテージとなります。結局、「仕上がり」を左右するのはそこなのだと思います。

落合ひろみ

あとがき

最近は生成ＡＩの出現により、多くの人が職を奪われると警告めいたことを言う方もいます。将来が見えづらくなり、子どもの将来を心配したり、悲観したりする方もいるかもしれません。

日本の将来についても、少子高齢化、経済活動の減速など、ネガティブな考えが広がっているのを見ると、今のままで子どもはやっていけるのだろうかと心配になります。でも、このように変化の早い環境では、親よりもむしろ子どものほうが先を見ている部分もあるかもしれません。

２００９年のこと、同じマンションに仲良しのアメリカ人ご夫婦が数組住んでいました。年齢はバラバラなのですが、子どもたちはほぼ同年代で、皆同じように子育ての悩みを抱えていました。

メンバーは夫が石油会社や製薬会社などの外資系企業の代表を務めている妻で、私は勝手に「アメリカンおばちゃん会」と名づけていました。私が長期で海外出張に行くときには、陽一と夫が彼女たちのところに出かけて食事をご馳走になるなどの付き合いをしていました。お互い子育ての悩みを打ち明けながら、国を越えて交流していたのです。

その中にジルという金髪で青い目をした美しく品のある女性がいました。アメリカ人には珍しくとてもおとなしい人でした。息子が2人いて、長男はコロンビア大学を出てアメリカで弁護士になっていました。次男のトムはペンシルバニア大学院の学生でこのままいくと長男と同じように弁護士になるだろうと思われていました。

ところがその次男から「大学院を辞めてもいいか」と相談があったとのことで、ジルはショックを受けていました。

「僕は農業をやりたいので、大学院は辞める」

と言い出したというのです。弁護士になるために何年も努力して、あと少しで弁護士への道が開けるというのに、それを捨てて私たちの家族の誰も経験したことのない仕事につくなど考えられないとジルは泣いています。もう少しで資格が取れる時期に近づいてきているのに……。

じっと聞いていたジョイスが言いました。彼女は常に冷静に物事を判断する人です。

「それはトムが正しいわよ」

そこにいた皆は驚いて、彼女のほうを見ました。

「トムは私たちが思う古い観念の農家になるのではなく、新しい考えで農家になりたいのではないかしら」

私たちは、黙ってジョイスを見ました。

「トムは自分のやりたいことがはっきり見えてきたのではないかしら?」

ジョイスに言われて、皆はハッとしたのです。

「私たちは、常に同じ観念からしか考えられないの。外に出ることができないのよ」

「でも、農業の知識を学んだわけではないのでしょう? 専門外の職業をやってうまくいくの? 大丈夫なの?」

と誰かが口をはさみました。

2メートル近い長身の4人の子どもがいて、夫婦ともに国際会計士でご主人は世界

中を飛び回っているリサが、

「私だったら反対するのではなく、ご子息が本当に何をやりたいか、じっくり聞いてみることが大事だと思うのよ」

と静かに言いました。私は内心拍手していました。

“Yeah, That's right. Your son must be creative and he may open the new world!”
(そうよ、トムはとってもクリエイティブ。彼はきっと新しい世界を開こうとしているのよ。すごいじゃない！)

これを聞いたジルは少しほっとした顔で、

「わかった。ありがとう、さっそくトムに連絡してみる」

と言って帰っていったのでした。


しばらくして、ジルがトムの状況を報告してくれました。トムは大学近くの大地主と交渉し、広い土地を借りるために土地の使用料を支払うだけでなく、育った野菜を分ける条件で賃貸契約をして、農業ができるようになったというのです。

トムは、農業法人の経営者でした。借りた土地をどのようにすれば効率よく耕すことができ、その作物がマーケットで必要とされているかをすべてコンピュータで分析しました。また1年間の生産量についてもしっかり計算し、その土地に一番合う作物の品質、需要、生産量、値段などあらゆる条件をすべて計算し、事業プランを作成しました。さらに当時からアメリカではオーガニックであることが求められていたので、当然すべての作物を無農薬、化学肥料不使用で栽培することに決めたのです。

すると、ペンシルバニア大学のトムの友達が計画を聞きつけトムのプランに賛同、なんと就職をとりやめて農業法人に参加してくれることになったというのです。参加を決めた友達は全員理科系で科学者になる予定だったので、彼らのアドバイスも取り入れてより最適な作物を作り出す計画をしているとの報告もあったそうです。

さらに半年後、トムの話題が再び持ち上がりました。すでにオーガニックの無農薬作物が成長し、大量に収穫できたと言います。恩師の大学教授に相談すると、大学のレストラン関係者を紹介してくれて、トムの会社は大学のカフェテリアに野菜を納めることになりました。そのうわさが広がると、大学以外からも注文が入るようになったというのです。

「すごい！」とおばさんたちは、シャンパンで乾杯をしました。

“Cheers!”

その後、私は夫と陽一とともに、夫の兄に会うためにワシントンD．C．に行きました。そのとき、ジルご夫妻が私たちの泊まっているホテルに訪ねてきました。トムの会社はどんどん成長し、大成功を収めていることなど楽しそうに話してくれました。

今でこそ、日本もスマート農業といって、コンピュータで温度や湿度を管理して計画的に生産する農業が話題になっていますが、トムはそんなことを誰も考えないときに農業をやりたいと言って大学院を辞めてしまったのです。先見の明があったわけですが、あのとき、息子から大学院を辞めて農業をやると相談されて、ＹＥＳと言える親はどれくらいいたでしょうか。

世の中が速いスピードで動く中、子どもが自分自身で決断して、人生を歩んでいくことは、より大事になってきていると思います。

親たちは、親たちの観念でしかものを見ることができません。

だとすると、子どもには、自分の可能性を広げられるような環境を与え、自分で考えて動いてみる、間違ったら自分でなんとかする、という素地を身につけさせることがこれからの親の役割かもしれません。

受験や親に振り回されて心を壊してしまうお子さんがいることが、私は残念でなりません。

でも、そのとき第一志望に掲げていた学校が、その子にとって本当に一番の学校であったのかは、わからないのです。

子育て中は、心配も不安もあるかと思いますが、どうか、お子様自身が素晴らしい将来を迎えられますことを願っております。

2025年3月

落合　ひろみ

［著者略歴］

落合ひろみ（おちあい・ひろみ）

東京生まれ。共立女子大学卒業後、外資系航空会社に入社。秘書業務を経て、ニューヨークを拠点とする別の外資系航空会社に転職し、CAとして勤務。その後、大手代理店と契約し、ロサンゼルスを拠点に、エルトン・ジョンのNYフリーコンサートの放送権やABBAのロンドン公演中継の契約、Queenのロックフェスティバル中継など数々の音楽番組を手掛ける。テレビ番組制作会社を設立し、映画『ラッコ物語』（東宝配給）やTBSのドラマ、音楽番組を制作。後にクラシック音楽に特化した番組制作を展開し、小澤征爾、パバロッティやドミンゴ等の世界中継番組を制作。現在は日米婦人会の活動に注力し、国際交流を推進している。

落合陽一（おちあい・よういち）

1987年東京都生まれ。メディアアーティスト・起業家であり、筑波大学図書館情報メディア系准教授、デジタルネイチャー開発研究センター長を務める。筑波大学情報学群情報メディア創成学類を卒業後、東京大学大学院学際情報学府博士課程を短縮修了し、博士（学際情報学）を取得。ヒューマンコンピュータインタラクションや空間視聴触覚技術を中心とした研究を進め、「計算機自然（デジタルネイチャー）」という新しい自然観を提唱している。またピクシーダストテクノロジーズ株式会社を創業し、空中音響浮揚などの先端技術を社会実装に導く。主な受賞にWorld Technology Award、Prix Ars Electronica Honorary Mention、令和5年度科学技術分野の文部科学大臣表彰若手科学者賞などがある。内閣府ムーンショット型研究開発制度ビジョナリー会議構成員、未踏スーパークリエータとしても活躍。京都市立芸術大学や金沢美術工芸大学などの客員教授も務め、国内外の学術会議やフォーラムで研究発表を続ける。計算機自然論に基づく複合領域研究を推進し、学内外でも科学と芸術の融合を探究している。

「好き」を一生の「強み」に変える育て方

2025年 3月10日　初版印刷
2025年 3月20日　初版発行

著　者　落合ひろみ／落合陽一
発行人　黒川精一
発行所　株式会社 サンマーク出版
　　　　〒169-0074 東京都新宿区北新宿2-21-1
　　　　電話　03 (5348) 7800
印　刷　共同印刷株式会社
製　本　株式会社村上製本所

ISBN978-4-7631-4164-4　C0030
ホームページ　https://www.sunmark.co.jp